理论热点**面对面** 2019

新中国发展

—— 面对面 ——

★ 中共中央宣传部理论局

学习出版社

人民出版社

图书在版编目（CIP）数据

新中国发展面对面：理论热点面对面 . 2019 / 中共中央宣传部
理论局编 . –– 北京：学习出版社：人民出版社，2019.7
ISBN 978-7-5147-0930-8

Ⅰ . ①新… Ⅱ . ①中… Ⅲ . ①社会主义建设成就－中国
Ⅳ . ① D619

中国版本图书馆 CIP 数据核字（2019）第 138595 号

新中国发展面对面——理论热点面对面·2019
Xīnzhōngguó fāzhǎn miànduìmiàn——lǐlùn rèdiǎn miànduìmiàn · 2019
中共中央宣传部理论局

责任编辑：边　极　任　民
技术编辑：纪　边
装帧设计：华鲁印联（北京）科贸有限公司
封面设计：杨　洪　朱梦君

出版发行：学习出版社　人民出版社
　　　　　北京市崇外大街 11 号新成文化大厦 B 座 11 层（100062）
　　　　　010–66063020　010–66061634　010–66061646
网　　址：http://www.xuexiph.cn
经　　销：新华书店
印　　刷：北京中科印刷有限公司

开　　本：710 毫米 ×1000 毫米　1/16
印　　张：12.75
字　　数：121 千字
版次印次：2019 年 7 月第 1 版　2019 年 9 月第 7 次印刷

书　　号：ISBN 978-7-5147-0930-8
定　　价：21.00 元

如有印装错误，请与本社联系调换，电话：010–67087598　010–67081356

出 版 说 明

　　为庆祝中华人民共和国成立70周年，深入揭示新中国70年来的伟大历程、辉煌成就和宝贵经验，激励人们为实现"两个一百年"奋斗目标、中华民族伟大复兴的中国梦而不懈奋斗，我们在广泛调研的基础上，梳理出12个干部群众关心的重大问题，组织中央有关部门和专家学者撰写了2019年通俗理论读物《新中国发展面对面》。本书以习近平新时代中国特色社会主义思想为指导，紧密联系新中国社会主义现代化建设的伟大实践，紧密联系干部群众思想实际，进行了深入浅出的解读阐释，力求做到观点权威准确、语言通俗易懂、文风清新简洁、形式活泼多样，可作为干部群众、青年学生进行理论学习和开展形势政策教育的重要辅助读物。

中共中央宣传部理论局

2019 年 7 月

目　录

天翻地覆慨而慷

——新中国 70 年发生了怎样的变化？

曾记否，70 年前，旧中国战乱频仍、山河破碎，历经苦难、满目疮痍，国家和民族处于积贫积弱、一穷二白的悲惨境地；而如今，中国早已旧貌换新颜，经济实力和综合国力名列世界前茅，中华民族伟大复兴的壮丽征程迎来万丈曙光。

曾记否，70 年前，旧中国百姓衣不蔽体、食不果腹，命运多舛、颠沛流离，人民处于饥寒交迫、水深火热的凄苦境况；而如今，中国人民早已成为国家、社会和自己命运的主人，享受着殷实幸福的小康生活，作为中国人是多么的自豪和荣光。

曾记否，70年前，旧中国国势衰微、租界林立，饱受欺凌、毫无尊严，中华民族在国际上地位卑下、遭人轻视；而如今，中国早已抛掉"东亚病夫"的帽子，傲然屹立于世界东方，昂首阔步走近世界舞台中央。

……

时光荏苒，岁月如歌。新中国70年，在人类历史长河中只是短暂一瞬，在中华民族发展史上也是弹指之间，却如此深刻地改变了中华民族和中国人民的命运。我们的祖国从来没有像今天这样欣欣向荣、蒸蒸日上，我们的民族从来没有像今天这样扬眉吐气、自信满怀，我们的人民从来没有像今天这样幸福安康、意气风发。忆往昔峥嵘岁月稠，中华大地沧桑巨变、换了人间。

一　新中国这样走来

1840年至1949年，中华民族在黑暗的深渊中探索了100多年，中国人民在英勇的抗争中奋斗了100多年。鸦片战争后，在西方列强的轮番侵略和践踏下，"四万万人齐下泪，天涯何处是神州"。无数仁人志士为挽民族于危亡、救人民于水火，前赴后继、上下求索。多少主义和主张都出场了，又都破灭了；多少道路和方式都尝试了，又都失败了；多少组织和政党都登台了，又都谢幕了……虽一路慷慨一路歌，但终究未能改变中华民族的悲惨命运。

1921年中国共产党成立时，只有五十几名党员，也许没有多少人能够看到它所蕴藏的巨大力量。然而，正是这个用马克思主义武装起来的政党，给旧中国带来了希望和光明，深刻改变了中国革命的面貌，改变了中华民族的前途命运。在中国共产党的领导下，中国人民进行了一场场气壮山河的斗争，推翻帝国主义、封建主义、官僚资本主义"三座大山"的压迫，赢得民族独立和人民解放，彻底扭转了中华民族近代以来不断衰落的命运，迎来了中华民族持续走向繁荣富强的光明前景。

中华人民共和国成立70周年
The 70th Anniversary of the Founding of The People's Republic of China

庆祝中华人民共和国成立70周年活动标识

"一唱雄鸡天下白。"1949年10月1日，中华人民共和国宣告成立，中国人民从此站起来了。新中国的诞生犹如磅礴的日出，一扫旧中国的沉沉黑暗，照亮了民族复兴的崭新征程，中国人民开始了改造山河、建设祖国的伟大壮举。我们创造性完成了对农业、手工业和资本主义工商业的社会主义改造，确立了社会主义基本制度，完成了中华民族有史以来最为广泛而深刻的社会变革，为当代中国一切发展和进步奠定了基础。短短时间内，我们建立起独立的、比较完整的工业体系和国民经济体系，进行大规模社会主义建设。在社会主义革命和建设

中，党带领人民取得的独创性理论成果和巨大成就，为在新的历史时期开创中国特色社会主义提供了宝贵经验、理论准备、物质基础。

人世间没有一帆风顺的事业，历史总是在跌宕起伏甚至曲折中前进。这是一切正义事业的发展逻辑。1966 年至 1976 年 10 年间，由于主观主义的偏差和复杂的社会历史原因，发生了"文化大革命"这一全局性、长时间的"左"倾错误，使党、国家和人民的事业遭受严重挫折和损失。对于这段历史，我们应该客观、全面、准确地分析和认识。在中国这样一个经济、文化比较落后的国家，建设社会主义是一项前无古人的开创性事业，无论在理论上还是在实践中，都有一个艰辛探索的过程。蹒跚学步难免跌跟头。中国共产党之所以伟大，并不是永远不犯错误，而是从不讳疾忌医，敢于承认错误，勇于纠正错误，确保我们的事业始终沿着正确方向前进。

"东方风来满眼春。"1978 年 12 月，党的十一届三中全会胜利召开，中国人民自此走上了富起来的康庄大道。改革开放的

今昔对比 ◀

上海浦东

今昔对比

中国人民生活发生翻天覆地的变化

开启好似浩荡的春风，吹遍了神州大地，伟大祖国万物复苏，呈现出一派生机勃勃的景象。我们把党和国家工作中心转移到经济建设上来，开辟中国特色社会主义道路，确立社会主义初级阶段基本路线，把改革开放和社会主义现代化建设一步一步推向前进。20世纪80年代末90年代初，在国际局势风云变幻特别是苏联解体、东欧剧变，世界社会主义运动陷入低潮的严峻考验面前，我们不仅稳住了，还高高举起了中国特色社会主义的大旗，在确立社会主义市场经济体制改革目标、推进党的建设新的伟大工程等方面取得重大突破，成功捍卫了中国特色社会主义，与时俱进把中国特色社会主义推向21世纪。我们紧紧抓住重要战略机遇期，聚精会神搞建设、一心一意谋发展，着力保障和改善民生，促进社会公平正义，加强党的执政能力建设和先进性建设，把改革开放和社会主义现代化建设推进到新阶段。通过持续不断的努力，中国以世界上少有的速度持续快速发展起来，大踏步赶上时代。

"无边光景一时新。"2012年11月，党的十八大拉开了中国特色社会主义新时代的大幕，中国人民奏响了强起来的雄壮乐章。我们党统揽伟大斗争、伟大工程、伟大事业、伟大梦想，统筹推进"五位一体"总体布局，协调推进"四个全面"战略布局，坚持稳中求进工作总基调，对党和国家各方面工作提出一系列新理念新思想新战略，出台一系列重大方针政策，推出一系列重大举措，推进一系列重大工作，解决了许多长期想解决而没有解决的难题，办成了许多过去想办而没有办成的大事，推动党和国家各项事业取得全方位、开创性成就，发生深层次、根本性变革，向着建设社会主义现代化强国奋勇前进。

70年高岸深谷，70年沧海桑田，勤劳勇敢的中国人民在中华大地上描绘了一幅波澜壮阔的锦绣画卷。历史，往往需要岁月的洗礼和时间的冲刷才能看得更清楚。中华民族几千年历史，像文景之治、贞观之治、开元盛世、康乾盛世这样的"盛世"并不多，更多时期是世事多艰、民生困苦。回首往事，我们更加清晰地认识到，新中国成立以来的70年，是中华民族历史上的最好时期，极大地推动了中国的发展进步，使中国焕发出新的蓬勃生机，在中华民族的伟大史册上写下了浓墨重彩的一笔。

二 举世瞩目的发展成就

    1954 年 9 月的北京，秋风送爽、景色宜人。来自全国各地的 1200 多名参会代表齐聚中南海，激情满怀地参加第一届全国人民代表大会第一次会议。毛泽东同志在会上对新中国未来作了美好的憧憬："我们有充分的信心，克服一切艰难困苦，

123 数说中国 ◀

（万亿元）

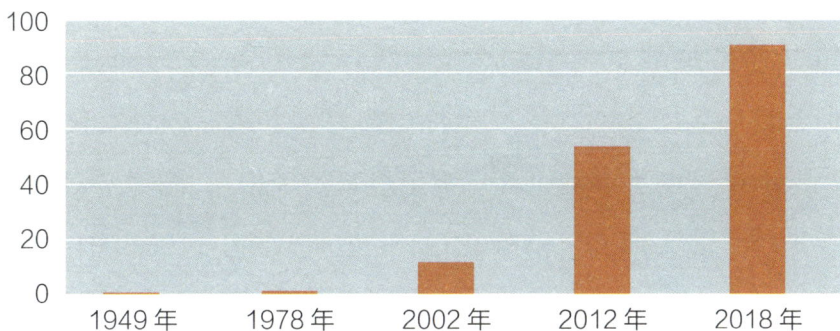

1949—2018 年国内生产总值（GDP）

（美元）

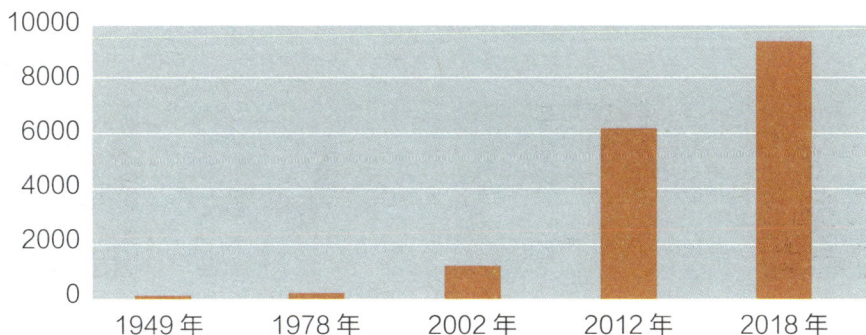

1949—2018 年人均国内生产总值（人均 GDP）

将我国建设成为一个伟大的社会主义共和国。"如今，我们可以告慰先辈：这盛世如您所愿。

辉煌凝结着奋斗的艰辛，成就映射着时代的变迁。新中国成立以来，在中国共产党的领导下，昔日国弱民穷的中国发生了焕然一新的历史巨变，勇敢智慧的中国人民在960多万平方公里的广袤大地上创造了震古烁今的人间奇迹，以"敢教日月换新天"的英雄气概谱写了中华民族的不朽篇章。

这是新中国经济实力和综合国力大幅跃升的70年。经过70年的奋斗，我国经济总量从新中国成立之初的600多亿元到2018年突破90万亿元大关，稳居世界第二大经济体，成为世界第一大工业国、第一大货物贸易国、第一大外汇储备国，在推动世界经济增长中具有举足轻重的地位。"两弹一星"、杂交水稻、载人航天、深海探测、C919大飞机、天眼望远镜等重大科技成果振奋人心，青藏铁路、三峡工程、南水北调、西气东输、港珠澳大桥等国家工程捷报频传，机场、港口、高速

天宫二号空间实验室

蛟龙号载人潜水器

C919大飞机

天眼望远镜

公路等基础设施日益完善，高铁、移动支付、共享经济、网购等引领潮流……一个繁荣昌盛、日新月异的泱泱大国不断向世界呈现出中国精彩。

这是新中国人民生活水平极大改善的70年。从贫困到温饱再到总体小康，中国人民的生活实现了历史性跨越。新中国成立初到2018年，我国人均GDP从119元增加到64644元，城镇和农村居民家庭恩格尔系数分别下降到27.7%和30.1%，城镇和农村居民年人均可支配收入分别从不足100元、50元增加到39251元、14617元。我们告别了商品短缺，扔掉了各种票证，消费结构迅速从生存型向发展型进而向享受型转变，就业、教育、医疗、住房、养老、社保等民生福祉持续改善，人均预期寿命快速提高，2018年达到77岁，人民的获得感幸福感显著增强。特别是改革开放40多年来，7亿多农村贫困人口摆脱贫困，贫困发生率从97.5%下降至1.7%，创造了人类减贫史上的奇迹。

青藏铁路　　　　　三峡工程　　　　　　南水北调　　　　　　西气东输

　　这是新中国社会文明程度显著提升的 70 年。我国实现了从几千年的封建专制向社会主义民主政治的跨越，党的领导、人民当家作主、依法治国有机统一的制度建设全面加强，中国特色社会主义法治体系日益完善，民族团结进步事业取得重大成就。马克思主义指导地位更加巩固，社会主义核心价值观和中华优秀传统文化得到大力弘扬，文化事业和文化产业蓬勃发展，国家文化软实力和中华文化影响力显著提升。中国人民的科学文化素质大幅度提高，精神面貌

社会主义核心价值观深入人心

发生深刻变化，社会创造力和活力竞相迸发，"万类霜天竞自由"的生动景象成为新时代的社会标识。

　　这是新中国国际地位空前提高的 70 年。随着我国综合国力的日益提升，中国在国际上的分量越来越重，影响力越来越大。与我国建交的国家，从新中国成立初期的 10 多个增加到现在的 178 个。中国坚持正确的对外方针和政策，广泛开展双边和多边外交，发展同世界各国的友好合作关系，在国际事务中发挥着越来越重要的作用。无论是推动建设新型国际关系还是推进全球治理体系变革，无论是促进"一带一路"国际合作还是推动构建人类命运共同体，都彰显了中国外交的大国特

色、大国风格、大国气度，为维护世界和平发展贡献了中国智慧和中国方案。

70年，两万多天，新中国在岁月的年轮上刻下了一道道深深印记，挑战了一个又一个的不可能，中国历史巨变的程度之深、范围之广、影响之大，前所未有、世所罕见。生活在这一伟大国度的我们，有幸见证这些奇迹是万分幸福的，亲历这个时代是无比自豪的。

三　历史巨变为何发生

奔腾不息的历史长河中，从未有哪个国家像新中国这样，在如此短的时间内，发生了改天换地的巨大变化，实现了从贫穷到富裕、从羸弱到强大的历史性跨越。是什么改变了中国？是什么铸就了国家富强的伟大辉煌？是什么让亿万人民过上了美好生活？这一个个谜团有待我们解开。

历史的发展有其规律，总是在历史前进的逻辑中前进。要弄清楚历史巨变的原因，就要从新中国70年发展进步的内在逻辑中寻找答案。

中国道路是成功密码。道路关乎党的命脉，关乎国家前途、民族命运、人民幸福。70年来，中国始终坚持走自己的路，经过长期探索和实践，开创和发展中国特色社会主义，从根本上改变了中国人民和中华民族的前途命运。中国道路的内在机理与运行机制决定了它可以把一切经济政治社会资源都组织调动起来，形成统一意志和力量，为着一个共同的目标而奋斗，既充满活力又富有效率，彰显出无可比拟的优越性和独特性。正是笃定沿着这条道路不断前进，中国人民才获得了自信和力量，新中国才创造了旧貌换新颜的人间奇迹。

科学理论是行动指南。实践基础上的理论创新是社会发展和变革的先导，是引领一个国家、一个民族不断前进的号角和灯塔。我们党是一个高度重视理论指导并富于理论创造精神的政党。90多年来，我们党坚持把马克思主义基本原理同中国具体实际和时代特征相结合，先后形成了毛泽东思想、邓小平理论、"三个代表"重要思想、科学发展观、习近平新时代中国特色社会主义思想。正是在这一系列马克思主义中国化成果的指引下，中国革命、建设和改革才取得一次次胜利，不断把伟大事业推向前进。

今昔对比

改革开放让深圳发生沧桑巨变

❤️ **网友感言** ◀

⊙ 70年沧海桑田，见证了一个民族羽化成蝶的非凡历程。

⊙ 站起来、富起来、强起来，新中国70年奏出了中华民族不断迈向伟大复兴的"命运交响曲"。

⊙ 壮丽70年，深刻改变了中国的面貌，也影响了世界历史的走向。

⊙ 回首历史，中国人民改天换地之路苦难辉煌；展望未来，中华民族伟大复兴步伐铿锵有力。

⊙ 站在历史和未来、中国和世界的交汇点上，古老的中华民族必将在人类文明星空中放射出最耀眼的光芒。

改革开放是关键一招。改革开放是中国的第二次革命，通过对生产关系的调整使其更适应生产力发展要求，通过对利益关系的调整不断激发社会活力。回顾改革开放以来的历程，每一次重大改革都给党和国家发展注入新的活力、给事业前进增添强大动力，党和人民的事业在不断深化改革中波浪式向前推进。特别是党的十八大以来，以习近平同志为核心的党中央以前所未有的决心和力度推进全面深化改革，先后出台了重点改革文件400多个，推出改革方案1900多项，使党和国家各个领域焕发出强大的生机和活力。可以说，没有改革开放，新中国就不可能有今天这样的大好局面。

人民群众是力量源泉。人民是历史的真正创造者，是共和国的坚实根基，是我们党执政的最大底气。新中国一路走来，无论是建设和改革时期，还是进入新时代，认识和实践上的每

特别关注

枫桥经验

20世纪60年代初，浙江省枫桥镇干部群众创造了发动和依靠群众，坚持矛盾不上交、就地解决的枫桥经验。几十年来，枫桥经验得到不断发展，形成了"党政动手，依靠群众，预防纠纷，化解矛盾，维护稳定，促进发展"的新内涵，成为加强基层治理、促进社会和谐稳定的典型样本。图为当地基层民警走访农户。

一次突破和发展，每一个新生事物的产生和发展，每一个方面经验的创造和积累，都离不开人民群众的智慧和实践。比如，枫桥经验的探索为基层治理提供了典型样本，小岗村18位农民的"红手印"揭开了农村改革的序幕，江浙地区乡镇企业的蓬勃发展打破了农村传统经济格局，等等。诸如这些源于人民群众的创新创造，都是推动社会进步的重要力量，构成了新中国历史巨变的伟大生动实践。

党的领导是根本保证。中国共产党的领导，是中国、中华民族、中国人民的一大幸事，是中国特色社会主义最本质的特征和最大制度优势，是当代中国取得一切发展进步的根本政治前提和保证。正是有了中国共产党的领导，中华民族才结束了

100多年受压迫受奴役受侵略的屈辱历史，走上了从站起来到富起来再到强起来的光明大道。中国共产党成立98年特别是新中国70年的历史轨迹清晰表明，没有共产党，就没有新中国；没有共产党，就不可能把亿万中国人民的力量凝聚起来、组织起来；没有共产党，我们的国家、我们的民族就不可能取得今天这样的辉煌成就。这是中国人民从长期奋斗中得出的最基本的结论。

恩格斯指出，历史发展往往是由多个因素合力作用决定的。中国这样一个人口众多、底子薄弱的东方大国，能够如此快速地发展起来，也必然是历史和现实、国际和国内、理论和实践多个方面共同发力的结果。可以说，在人类文明史上，新中国70年发展本身就是一个前无古人的伟大创造，开辟了人类社会发展的全新路径。这需要我们立足中国特色社会主义的伟大实践，不断深化对共产党执政规律、社会主义建设规律和人类社会发展规律的认识，更好用中国理论解读中国实践，为党和人民继续前进提供强大精神激励。

四 彪炳史册的深远影响

历史的进程有多么波澜壮阔，它产生的影响就有多么广泛深远。新中国砥砺前行，深刻改变了中国的面貌、中华民族的面貌、中国人民的面貌、中国共产党的面貌，也深刻影响了全

权威声音

实现民族独立、人民解放是新中国诞生划时代的意义

金冲及（原中央文献研究室常务副主任）：新中国诞生有很多重大的意义，民族独立、人民解放是要点。只有实现民族独立、人民解放，才能为人民共同富裕创造根本的前提，没有这个前提一切都无从谈起。新中国诞生是全新的出发点，新中国是和旧时代根本不同的新国家新社会。

球发展的格局和世界历史的走向。

70年时光，恍若昨日，历历在目。我们回味这段尚带温度的历史时深深感到，中国人民用双手创造的国家和民族发展的奇迹，无论是在中华民族发展史、世界社会主义运动史上，还是在世界文明史上，都是一部感天动地的奋斗史诗。

从中华民族发展史看，中华民族是世界上伟大的民族，曾经创造了5000多年灿烂文明。但近代以来，中华民族却滑到了历史的低谷，陷入了长达100多年的黑暗境地。新中国诞生以及之后70年发展，从根本上扭转了中华民族不断衰落的历史颓势，迎来了持续走向繁荣富强的伟大飞跃，中华民族伟大复兴的目标从来没有像今天这样清晰可见。可以说，这70年是彻底改变中国和亿万人民命运的70年，在中华民族发展史上矗立起一座光彩熠熠的里程碑。

从世界社会主义运动史看，社会主义从空想到科学、从理论到实践、从一国到多国，演绎了一幕幕兴衰成败的历史活剧。20世纪八九十年代苏联解体、东欧剧变后，世界社会主义运动陷入低潮，有人对社会主义的前途产生了悲观情绪，担心红旗到底还能打多久。今天，社会主义中国以巨大的发展成就成功续写了世界社会主义运动的恢宏篇章，以无可辩驳的事实证明了科学社会主义的强大生命力。

从世界文明史看，实现现代化是近代以来世界各国特别是发展中国家孜孜以求的目标。新中国打破了对其他路径的依赖，坚持自己的路自己走，用几十年时间走完了发达国家几百年走过的工业化历程，走出了一条独具特色的现代化道路。中国的巨大成功，拓展了发展中国家走向现代化的途径，给世界上那些既希望加快发展又希望保持自身独立性的国家和民族提

🔍 特别关注 ◄

第二届"一带一路"国际合作高峰论坛

2019年4月25日至27日，第二届"一带一路"国际合作高峰论坛在北京举行。本次论坛以"共建'一带一路'、开创美好未来"为主题，共有40位国家元首、政府首脑和重要国际组织负责人出席圆桌峰会，形成了包括六大类283项内容的成果清单。图为第二届"一带一路"国际合作高峰论坛企业家大会。

供了全新选择，为解决人类问题贡献了新方案。

历史的长河，翻滚着昨日辉煌的浪涛；时代的琴弦，弹奏出今朝奋进的旋律。历经 70 年春华秋实，新中国风华正茂、朝气蓬勃，需要一代又一代华夏儿女接续奋斗、砥砺前行，在新征程上创造出中华民族新的更大奇迹，创造出让世界刮目相看的新的更大奇迹。

延伸阅读

1.《〈关于若干历史问题的决议〉〈关于建国以来党的若干历史问题的决议〉》，中共党史出版社 2010 年版。

2. 习近平：《决胜全面建成小康社会 夺取新时代中国特色社会主义伟大胜利——在中国共产党第十九次全国代表大会上的报告》，人民出版社 2017 年版。

扫一扫

2

当惊世界殊

——中国经济奇迹是如何创造的?

  2019年新春伊始，国家统计局晒出了上一年经济成绩单：我国全年 GDP 同比增长 6.6%，位列世界前五大经济体增速之首；经济总量突破 90 万亿元大关，稳居世界第二大经济体；对世界经济增长的贡献率接近 30%，是世界经济增长的动力之源。这一系列亮丽的数据令全世界瞩目，集中彰显了中国在世界经济版图中的突出地位。

"千淘万漉虽辛苦，吹尽狂沙始到金。"70年来，从"一贫如洗"到"中国奇迹"惊羡全球，从"洋火洋钉"到"中国制造"风靡世界，我国经济实现了巨大腾飞，取得了世所罕见的发展成就，让世界为之惊叹，引发了世人的探究热情。

一 人类经济史上的伟大创造

1949年中华人民共和国成立时，中国是世界上最贫穷落后的国家之一。毛泽东同志曾感慨地说："现在我们能造什么？能造桌子椅子，能造茶碗茶壶，能种粮食，还能磨成面粉，还能造纸，但是，一辆汽车、一架飞机、一辆坦克、一辆拖拉机都不能造。"

面对新中国成立伊始极其落后的经济状况，国内一些资本家曾流传这样的说法，"共产党军事上100分，政治上80分，经济上0分"。时任美国国务卿艾奇逊也断言：中国历朝历代都没有解决老百姓的吃饭问题，中国共产党也解决不了。

今天，新中国早已

历史瞬间

1956年7月，新中国第一辆国产汽车——解放牌汽车在长春第一汽车制造厂诞生。

历史瞬间

北京城区手工业者积极申请加入生产合作社

上海郊区农民踊跃签字加入高级合作社

甩掉了积贫积弱的"穷帽子",不仅成功解决了近14亿人的温饱问题,还一跃成为世界主要经济大国。几十年间,中国共产党带领中国人民从白手起家到赶超世界,从落后时代到赶上时代再到引领时代,用智慧和汗水抒写了人类经济史上的精彩篇章。

"满目萧条,百废待兴。"这是新中国成立初期我国经济的现实状况。当时国民经济濒临崩溃,工业凋敝、农业萎缩、交通瘫痪、物价飞涨,人民生活困苦不堪。可以说,新中国经济建设就是在这样一个"烂摊子"上起步的,首要任务是医治战争创伤、迅速恢复国民经济,巩固新生的人民政权。到1952年年底,我国工农业总产值比1949年增长77.5%。其中,工业总产值增长145%,农业总产值增长48.5%,主要产品产量大大超过新中国成立前的最高年产量。在此基础上,我们进行社会主义改造和有计划的社会主义建设，到 1957 年初步建立起独立的、比较完整的工业体系和国民经济体系。此后 10 年间，我国经济建设在探索中前进，取得了社会主义建设的巨大成就。但后来"文化大革命"十年内乱，导致我国经济发展一度停滞不前，甚至出现倒退的严重状况。

党的十一届三中全会作出把工作中心转移到经济建设上来、实行改革开放的历史性决策，党和国家事业在危难中奋起。我国对内改革首先从农村开始，实行家庭联产承包责任制，促进了农村经济的迅速发展。随后，改革从农村向城市推开，经济体制改革提上日程。当时"要改革"已经成为共识，但"如何改""往哪改"有一个逐步认识和深化的过程。从"计划经济为主、市场调节为辅""公有制基础上的有计划的商品经济"到明确"建立社会主义市场经济体制"的改革目标，从市场在资源配置中起"基础性作用"到起"决定性作用"，市场化改革的轮廓逐渐清晰。

老物件

安徽省凤阳县小岗村 18 位农民按下红手印，拉开了农村改革的序幕。

　　社会主义市场经济是前无古人的伟大创举。社会主义能否搞市场经济？这是一个世界性的课题，马克思主义经典作家没有讲过，西方经济学家认为二者互不兼容。我们党立足中国国情和发展阶段，创造性地提出在社会主义条件下发展市场经济，创造性地建立起富有活力的社会主义市场经济体制。这是对社会主义建设规律新的认识和升华。这些年来，我们坚持正确处理政府和市场的关系，使市场活力得到充分释放，政府调控更加科学有效。两者各司其职、密切配合，促进了我国社会生产力的大解放大发展，推动我国经济快速发展起来。

特别关注

浙江义乌成为全球最大的小商品集散中心

　　改革开放后，随着国家对市场的逐步放开，义乌人重拾"敲糖帮"的"鸡毛换糖"经商传统，使当地批发贸易迅速繁荣起来。1981年，义乌稠城镇北门街小百货市场的经商者已多达200多人，小商品市场雏形初现。经过近40年的发展，义乌已经成为全球最大的小商品集散中心。

1982年义乌稠城镇北门街小百货市场火爆场面

如今义乌国际商贸城一角

开放也是改革。顺应经济全球化快速发展的趋势，我国在对内改革的同时，打开国门搞建设，不断加快对外开放的步伐。我们先后创办经济特区，开放沿海城市，开辟沿海经济开放区，全面开放沿边内陆地区，加入世界贸易组织……一幅壮美的开放画卷在神州大地渐次铺开。正是由于我国"敞开胸襟、拥抱世界"，才在更大范围内获得了长足发展。

党的十八大以来，面对世界经济复苏乏力和我国"三期叠加"的新形势，以习近平同志为核心的党中央观大势、谋大局，作出我国经济发展进入新常态的重大判断，立足由高速增长阶段转向高质量发展阶段的基本特征，提出新发展理念、供给侧结构性改革、推动高质量发展、建设现代化经济体系等重大战略思想，形成了习近平新时代中国特色社会主义经济思想。在这一光辉思想指引下，我国经济正在逐步实现深层次变革和全方位转型，不断增强活力和动力，从而进一步助推东方巨龙蓄势腾飞，抵达富强中国新天地。

❓ 问与答

问：什么是"三期叠加"？

答："三期叠加"，指的是我国经济增长速度换挡期、结构调整阵痛期、前期刺激政策消化期同时集中出现，成为我国经济发展的阶段性特征。

二 中国经济发展之"谜"

放眼古今中外，在这样薄弱的基础上、这样复杂的国情下、这样短的时间内，取得这么大的发展成就，仅中国一例。对于中国经济发展的"斯芬克斯之谜"，许多人从不同角度进行分析，但众说纷纭、莫衷一是。

实践出真知。要揭开中国经济发展的谜底，就必须立足新中国70年的发展实践，准确把握中国经济独特的运行机制和内在逻辑，深刻理解我们党驾驭和推动经济发展的非凡智慧和高超方略。

比如，"两面开花"：对内改革和对外开放相互促进。世界经济发展的一个明显趋势，就是生产要素在全球范围内越来越广泛流动。任何一个国家要想谋求发展，必须主动融入全球贸

🔍 **知识链接** ◄

斯芬克斯之谜

斯芬克斯是古希腊神话中的一个怪兽，以隐谜害人而著称，经常坐在忒拜城附近的悬崖上，向路人提出一个谜语："什么东西早晨用四条腿走路，中午用两条腿走路，晚上用二条腿走路？"如果路人猜不中，就会被它吃掉。后来，一个叫俄狄浦斯的青年经过这里，猜出谜底是人，早晨、中午、晚上分别比喻人的幼年、中年和老年。斯芬克斯听后羞惭跳崖而死。后来，人们常常用"斯芬克斯之谜"来比喻复杂、神秘的问题。

2018 年我国货物进出口总额突破 30 万亿元，继续保持全球货物贸易第一大国地位。图为繁忙的山东青岛港

易和产业分工体系，关起门来搞建设是行不通的。正是基于对经济全球化这一历史潮流的深刻把握，我们坚持把对内改革和对外开放一体推进，以改革促进开放、以开放倒逼改革，充分利用"两个市场、两种资源"，最大程度发挥比较优势，最大限度开拓发展空间，不断增强我国经济的实力和竞争力。

比如，"两手齐抓"：政府和市场相得益彰。经济活动的一个根本问题，就是如何最有效配置资源。对此发挥作用的主要有两种力量：一种是市场的力量，又称"无形的手"；另一种是政府的力量，又称"有形的手"。是市场多一点还是政府多一点，一直是市场经济运行中争论的焦点。在整个经济体制改革过程中，我们始终把处理好"两只手"的关系作为核心问题，既让市场这只"无形的手"充分施展，又让政府这只"有形的手"收放自如，共同推动中国经济发展持续向前。

比如，"两头突破"：加强顶层设计和摸着石头过河辩证统一。在社会主义国家搞市场经济没有先例，更没有成功经验可循。对此，邓小平同志指出，我们现在所干的事业是一项新事业，我们只能在干中学，在实践中摸索。因此，在推动经济发

展过程中，我们搞好战略安排、发展规划、年度指标等顶层设计的同时，十分强调先行先试、投石问路，看准了再推开、成熟了再推向全国，保证了经济发展的稳定性和持续性。

比如，"两方用力"：党的领导和发挥人民主体作用有机结合。在我们这样一个大国发展经济，常常是内外因素叠加、新旧矛盾交织，其复杂性和挑战性可想而知。我们始终坚持和加强党对经济工作的领导，发挥党总揽全局、协调各方的作用，保证经济发展朝着既定的目标前进。同时，我们发挥人民群众的主体作用，调动人民群众的积极性和创造性。无论是家庭联产承包责任制"破土而出"还是乡镇企业异军突起，无论是共

👁 **特别关注** ◄

乡镇企业是我国农村改革的重要产物

改革开放 40 多年来，我国农民乘改革开放东风，突破计划经济体制的严重束缚，创造性地就地发展工业企业，实现了乡镇企业的异军突起，创造了一个又一个奇迹，使乡镇企业成为我国国民经济的重要组成部分，成为国有经济的重要补充。江苏无锡是中国乡镇企业的发源地之一，当年名噪一时的"苏南模式"就出自那里。图为位于无锡市的中国乡镇企业博物馆。

享经济"遍地开花"还是移动支付改变生活，无不来源于人民群众的伟大创造。

中国经济发展之谜是一座蕴藏着无穷发展智慧的富矿，有待人们去探索、去挖掘。随着中国经济发展的持续深入，随着我们党对社会主义经济建设规律的认识越来越深化，我们将会不断解开中国经济发展之谜，让金子般的中国智慧更加璀璨夺目。

三 当前我国经济形势怎么看

"不谋万世者，不足谋一时；不谋全局者，不足谋一域。"只有拿起历史的望远镜、时空的放大镜，深刻洞悉事物发展的本质和规律，才能在纷繁复杂的迷雾中登高望远、拨云见日，看清历史的发展大势。

当前，我国发展仍处于并将长期处于重要战略机遇期，并且战略机遇期在新的形势下具有新的内涵，总体上时和势在我们这一边。但也要看到，当前我国经济形势充满各种变数，经济运行稳中有变、变中有忧，外部环境更趋复杂严峻，中美经贸摩擦升级对我国经济发展造成一定负面冲击，国内结构性矛盾仍比较突出。

面对这种情况，有的人产生了悲观情绪，出现了唱衰中国经济的论调。果真如此吗？"风物长宜放眼量。"如若我们提高站位、拉长历史、放宽视野，从全局看局部、从未来看当下、从世界看中国，辩证理性地分析我国当前经济形势，就一定会得到客观、准确的结论。

从全局看，基本面还是稳中向好。古人有训，看待问题切忌一叶障目、管中窥豹，否则就会以点概面、以偏概全。虽然近年来我国经济发展遇到一些困难和问题，但经济运行总体平稳，经济增速、就业情况、物价指数、工业利润等主要宏观指标处在合理区间。更为重要的是，我国持续优化经济结构的效应已初步显现出来，经济的"颜值"越来越高，"气质"越来

老外看中国 ◄

国外经济领域著名人士对中国经济发展的评价

◉ **罗纳德·哈里·科斯**（1991年诺贝尔经济学奖得主）：中国的改革开放是第二次世界大战以后人类历史上最为成功的经济改革，其结果完全出人意料，无法以现有的理论解释。

◉ **约瑟夫·斯蒂格利茨**（2001年诺贝尔经济学奖得主）：中国能够成为全球第二大经济体，最重要的有三个因素：坚持务实精神、制度创新、渐进发展。

◉ **彼得·诺兰**（英国著名经济学家）：按照西方经济学的理论逻辑，中国不可能获得目前的成就，但中国却在各种缺损的条件下获得了持续的经济增长。

◉ **沃伦·巴菲特**（美国著名投资商）：中国所成就的一切简直是个经济奇迹，他们从较低的基数起步，很长一段时间都会以高于我们的速度发展，中国经济注定有一个美好未来。

🎤 **权威声音** ◄

中国经济长期向好的基本面没有变

宁吉喆（国家发展改革委副主任、国家统计局局长）：从供给看，我们生产要素综合比较优势没有改变。从需求看，我们有近14亿人口的大市场，世界上最大规模的中等收入群体，大众消费升级态势明显。最后，宏观经济政策工具充足。我们政府财政负债率在国际上是比较低的，而且这些年没有搞"大水漫灌"，宏观调控的政策空间还很大。特别是改革开放40多年来，宏观调控积累了丰富的经验。

越好，"活力"越来越强。2018年我国经济逆势上扬的优异成绩，就是中国经济健康稳定发展的有力证明。

从长远看，总趋势依然强劲有力。经过长期不懈的努力，今天的中国经济已经成为一个"大块头"，即便遇到困难也难以阻挡我们前进的步伐。现在，我国经济发展中出现的问题，有的是传统发展模式的弊端带来的"后遗症"，有的是主动调结构、转动能引发的"阵痛"，有的是创新创造中遭遇的挫折，有的是外部经济形势变化带来的挑战，都是前进中必然会遇到的问题。拥有超大体量、雄厚基础、足够韧劲、巨大潜力和广阔回旋空间的中国经济，必定能解决好这些问题。历经风雨的中国经济将愈加坚韧、后劲十足，以更加稳健的步伐铿锵前行。

从对比看，竞争力仍旧优势明显。当前，世界经济处于深刻复杂变化之中，虽然全球经济复苏乏力，但新一轮科技革命和产业变革方兴未艾、多点突破，孕育着新的发展机遇，加速推动国际经济力量对比的重塑和调整。从全球范围看，我国仍然是推动世界经济增长的重要引擎。现在，我们拥有世界上规模最大的中等收入群体，拥有近14亿人口的消费市场，拥有220多种主要工业品产量居全球之冠的完整现代工业体系，在主要科技领域、现代新兴产业等方面占有重要一席之地。2018年，在全球前十大互联网企业中，我国有3家企业上榜；在以互联网企业为主体的独角兽企业中，我国上榜企业数量占全球

特别关注 ◄

2018年平均3.8天中国就诞生一家新独角兽企业

独角兽企业，简单定义就是具有10亿美元以上估值且创办时间较短的公司，主要集中在互联网、电子商务、科技等创新领域，代表着新经济的增长动力，对引领产业新技术、新业态、新模式升级以及经济结构调整起到重要作用。有关机构发布的指数表明，截至2018年年底，中国独角兽企业总数上升至202家，最近一年中平均3.8天就诞生一家新独角兽企业。图为独角兽企业深圳市大疆创新科技有限公司的海外旗舰店无人机展示台。

的 30%。

登高望远天地宽。当前我国经济发展中遇到的问题，既有短期因素的影响，也有长期因素的困扰，既有周期性变化的原因，也有结构性矛盾的制约，是"成长中的烦恼"。对中国经济发展前景，完全可以抱着乐观态度。只要我们胸怀大局、着眼大事，从长期大势来看待我国当前经济，就一定能够增强发展信心、保持战略定力，谋定而后动、厚积而薄发，集中精力办好自己的事，推动我国经济迎来更加光明的未来。

四 推动高质量发展

2018 年全球创新指数报告显示，中国从上一年第 22 名跃升至第 17 名，首次跻身全球创新指数 20 强行列。这个排名一经公布，就引起国际社会的广泛关注。有国际经济观察家敏锐注意到，创新指数的快速攀升是中国加快推动质量变革、效率变革、动力变革的一个重要反映，充分说明中国经济正在向高质量发展不断迈进。

经过新中国 70 年特别是改革开放以来的快速发展，我国经济创造了持续高速增长的奇迹，经济体量已历史性地稳居世界第二。但也要认识到，我国经济在长期高速增长中依靠高投入、高消耗，产生了一系列问题，伴生出很大的风险和挑战。以手机芯片为例，全球超过 80% 的手机是在中国生产的，但只有少量芯片是国产的，大部分需要从欧美国家进口，不仅每年要消耗2000多亿美元外汇，还制约信息产业的发展，甚至给国家信息安全带来严重隐患。

为了改变过去靠"铺摊子"的传统发展模式，党的十九大提出推动高质量发展，着力破解我国面临的经济发展难题，堪称神来之笔。可以说，高质量发展是我国经济发展新阶段的"总纲"，是当前和今后一个时期确定发展思路、制定经济政策、实施宏观调控的根本要求，是实现从"有没有"到"好不好"、从"体量优势"到"质量优势"华丽转身的治本之策。

质量第一是基础。在经济运行的各个领域各个环节，只有严格把好质量关，促进微观产品服务质量和宏观经济增长质量"双提高"，才能为推动高质量发展奠定坚实基础。一方

特别关注 ◄

数字经济成为我国经济增长新引擎

据统计，2018年中国数字经济规模突破31万亿元，同比增速达17.65%，对GDP增长贡献率超过60%。图为在贵州省贵阳市举办的2019中国国际大数据产业博览会。

太钢集团依靠科技创新打造世界顶尖产品

近年来，太原钢铁集团咬定创新不放松，紧盯国内外重大工程和重点领域发展趋势，坚持把品种质量作为决胜市场的利器，全力增品种、提品质、创品牌，大力提高产品实物质量和档次，不断向着建设全球最具品种特色的现代化钢厂目标迈进。目前，太钢集团有20多个品种在国内市场占有率第一，30多个品种成功替代进口，高端产品创效占85%以上。图为太钢集团生产出世界上最薄的不锈钢产品，厚度仅0.02毫米，相当于头发丝直径的1/3，等同于普通A4打印纸厚度的1/4，可以轻易撕开，被誉为"手撕钢"。

面，通过深化供给侧结构性改革，不断提高供给体系的质量，使中国制造和服务成为高质量的品牌；另一方面，推动城乡区域协调发展，弥平发展鸿沟，使经济发展更趋平衡、更可持续。

效益优先是关键。一场高水平足球赛，不仅在于比赛的结果，还在于过程中每个队员作用充分发挥、队员间默契配合。高质量发展亦然，产品服务和经济增长的高质量固然紧要，经济运行中生产要素高效配置也至关重要。过去主要依靠粗放型发展方式维持高速增长，出现了一些低效率洼地。必须以市场化改革为导向，破除阻碍资金、人才、资源等自由流动的壁垒，推动生产要素向优质高效领域流动，努力达到效益最大化，实现投资有回报、企业有利润、员工有收入、政府有税收。

创新驱动是源泉。一般认为，经济发展最重要的两个驱动力是要素投入和科技创新，要素驱动空间有限，科技驱动潜力无穷。因此，推动高质量发展，长久之计还是要靠科技创新这个强大引擎。尤其是我们这样一个大国，关键核心技术是要不

123 数说中国 ◄

2018 年创新创业创造动能得到充分释放

1. 新动能持续发展壮大
- ▶ 高技术制造业增加值比上年增长 11.7%
- ▶ 全年高技术产业投资比上年增长 14.9%，工业技术改造投资增长 12.8%

2. 创新投入力度继续加大
- ▶ 全年研究与试验发展经费支出 19657 亿元，比上年增长 11.6%，与国内生产总值之比为 2.18%

3. 市场主体大量增加
- ▶ 全国实有市场主体达 1.1 亿户
- ▶ 全国新登记企业比上年增长 10.3%，日均新登记企业 1.84 万户

4. 深入推进减税降费
- ▶ 全年减税降费规模约 1.3 万亿元

来、买不来的。只有把关键核心技术掌握在自己手中，才能从根本上保障国家经济安全、国防安全和其他安全。近年来，我国科技领域不断突破，许多方面实现由"赶"到"超"。2018年，我国发明专利申请量达154.2万件，发明专利授权43.2万件，均居世界第一。但我国科技发展水平总体还不高，不少领域核心技术仍然受制于人。面对世界变革的时与势、我国发展的艰与险，要把创新摆在国家发展全局的核心位置，加快实施创新驱动发展战略，使基础研究强起来、创新体系建起来、体制机制活起来，推出一大批重大科技创新成果，为我国长远发展注入强大内生动力。

俗话说，牵牛就要牵牛鼻子。推动高质量发展，抓住新时代我国社会主要矛盾这个关键点，立足更好满足人民日益增长的美好生活需要，着力解决我国发展不平衡不充分的问题，是

特别关注

快递业成为我国经济发展的一匹黑马

近年来，我国快递业持续高速发展，已连续多年保持50%左右的增速，2018年业务量突破500亿件大关。

贯彻新发展理念的具体体现，是推动我国经济跨越关口上新阶的必然选择。

五 中国经济行稳致远

2018年年初以来，美国出于国内政治需要和打压中国的战略图谋，单方面执意挑起并不断升级经贸摩擦，频频挥舞关税大棒进行经济恫吓，妄图通过极限施压逼迫我国屈服，遏制我国经济发展势头。面对打上门来的贸易战，中国人民保持最大的耐心和诚意，坚持"不愿打、不怕打、必要时不得不打"的原则立场，勠力同心、众志成城，沉着应对、敢于斗争，坚决抵御美国霸凌主义行径对我国经济的负面冲击，坚定捍卫中华民族的核心利益。

"莫听穿林打叶声，何妨吟啸且徐行。"中国经济是一片汪洋大海，什么样的疾风骤雨没有遇到过，什么样的惊涛骇浪没有经历过，狂风巨浪不能掀翻大海，风浪过后大海依旧在那儿，保持自己本来的节奏。在风雨中磨砺、在逆境中蓄势的中国经济，必定能积聚洪荒伟力，冲开绝壁夺隘而出，奔向更加辽阔宽广的新天地。

当前，中国经济到了一个关键节点。向外看，世界面临百年未有之大变局，我国发展的外部环境变数增加；向内看，中国经济换挡转型正处于胶着状态，提质增效的任务还很重。在

? 问与答 ◄

问：什么是现代化经济体系？

答：现代化经济体系，是由社会经济活动各个环节、各个层面、各个领域的相互关系和内在联系构成的有机整体。要建设创新引领、协同发展的产业体系，统一开放、竞争有序的市场体系，体现效率、促进公平的收入分配体系，彰显优势、协调联动的城乡区域发展体系，资源节约、环境友好的绿色发展体系，多元平衡、安全高效的全面开放体系，充分发挥市场作用、更好发挥政府作用的经济体制。这几个体系是统一整体，要一体建设、一体推进。

这个"船到中流浪更急，人到半山路更陡"的紧要关头，必须紧紧咬定建设现代化经济体系这个目标不放松，集中精力办好自己的事，持续增强经济质量优势，不断提高经济实力和竞争力，为全面建成社会主义现代化强国打下坚实物质基础。

实体经济"稳基础"。实体经济直接创造物质财富，是国民经济的根基，对于解决就业、改善民生、实现经济持续健康发展具有重要作用。从近些年世界经济发展的历程来看，一些国家在发展中急功近利、"脱实向虚"，造成了严重后果，这给予我们深刻警示。我国是靠实体经济起家的，也要靠实体经济走向未来。我们将坚定不移做强做优实体经济，抓住我国经济发展中最关键、最活跃的要素，推动科技、资本和人力资源向实体经济聚集，建设优质高效的产业体系，为经济持续健康发展提供坚实支撑。

协调发展"促平衡"。管理学中有个"木桶原理"，讲的是木桶的容量取决于最短的木板。我国经济总量取得巨大成就的同时，城乡区域发展不平衡的问题成为横亘在我们前进道路上的一条沟壑。在缩小城乡差距上，必须大力实施乡村振兴战略，推动农业全面升级、农村全面进步、农民全面发展，让农村和城市比翼齐飞、协调发展；在填平区域发展"鸿沟"上，必须深入推进西部开发、东北振兴、中部崛起、东部优化"四大板块"的区域总体发展战略，重点抓好京津冀协同发展、长江经济带发展、粤港澳大湾区建设、长三角区域一体化发展等重大战略的规划和实施，带动形成各区域你追我赶、携手共进

数说中国

2018 年实体经济活力不断释放

- 制造业投资增速比上年提升 4.7 个百分点
- 工业战略性新兴产业增加值比上年提升 8.9%，增速高于全部规模以上工业 2.7 个百分点
- 工业产品生产许可证种类压减 1/3 以上

2019 年精准有效支持实体经济

- 减轻企业税收和社保缴费负担近 2 万亿元
- 深化增值税改革，将制造业等行业 16% 的税率降至 13%
- 一般工商业平均电价再降低 10%
- 国有大型商业银行小微企业贷款增长 30% 以上

特别关注

首届中国国际进口博览会

2018 年 11 月 5 日至 10 日，首届中国国际进口博览会在国家会展中心（上海）举行，170 多个国家、地区和国际组织参会，3600 多家企业参展，40 多万名境内外采购商对接洽谈。此次进博会是迄今为止世界上第一个以进口为主题的大型国家级展会，为各国开展贸易、加强合作开辟新渠道，促进了世界经济和贸易共同繁荣。图为进博会会展现场。

的新格局。

扩大开放"拓空间"。当今世界，经济全球化趋势浩浩荡荡、不可阻挡。近年来，有的国家逆潮流而动，越来越成为经济全球化的反对者，向包括中国在内的多国发起贸易战，破坏全球产业链的顺畅运转和国际分工体系，给全球贸易带来重大负面影响。中国作为经济全球化的坚定捍卫者，将坚定不移奉行互利共赢的开放战略，实行高水平的贸易和投资自由化便利化政策，着力发展更高层次的开放型经济。

体制改革"增动力"。向改革要动力，这是我国经济快速发展的成功之道，也是我国经济迈上更高台阶的必由之路。党的十九大提出，要着力构建市场机制有效、微观主体有活力、宏观调控有度的经济体制，指明了未来一个时期推进经济体制改革的方向。下一步，必须在重点领域和关键环节寻求改革突破，不断创新和完善宏观调控，使市场在资源配置中起决定性作用，更好发挥政府作用，破除束缚微观主体活力的障碍，从体制和机制上保障我国经济的创新力和竞争力。

七十载惊涛拍岸，新时代急流勇进。经过长期艰苦努力，中国经济以世所罕见的发展奇迹令世界瞩目。奋进在新征程上，中国经济的大海一定会更加壮美，中国一定会取得更加辉煌的发展成就。

延伸阅读

1.《中央经济工作会议在北京举行》，《人民日报》2018年12月22日。

2.《坚持推动我国经济实现高质量发展》，《人民日报》2018年12月27日。

扫一扫

3

治不必同　期于利民

——中国式民主为什么符合国情？

　　新中国成立前夕，伴随着人民解放军摧枯拉朽的胜利步伐，在中国共产党"民主建国、协商建国"的感召下，350多位海内外各界民主人士，怀着对光明未来和美好制度的无限憧憬，冲破国民党反动派的重重阻挠，先后抵达东北和华北解放区，最终齐聚北平，参加中国人民政治协商会议第一届全体会议，同中国共产党一起共商民主建国大业。随后，新中国宣告成立，中国政治发展掀开了崭新一页。

新中国 70 年民主政治发展的历程告诉我们，中国式民主是植根我国历史文化、符合中国国情、借鉴人类政治文明成果开辟的政治发展道路，不是简单套用马克思主义经典作家设想的"模板"，不是延续中国传统政治的"母版"，不是其他国家社会主义实践的"再版"，也不是

1949 年 9 月 21 日至 30 日，中国人民政治协商会议第一届全体会议在北京举行。

西式民主的"翻版"，而是经过长期探索、反复比较、实践验证的"新版"。在前进征途中，必须坚定不移走中国特色社会主义政治发展道路，继续推进社会主义民主政治建设，发展社会主义政治文明。

一 中国式民主怎么来的

翻开新中国 70 年史册，不难发现，中国式民主不是天上掉下来的，也不是哪个人脱离实际的奇思妙想，而是在我国历史传承、文化传统、经济社会发展的基础上长期发展、渐进改进、内生性演化的结果，是从中国大地长出的一朵绚丽的民主

历史瞬间

1954年9月15日至28日，中华人民共和国第一届全国人民代表大会第一次会议在北京召开。图为参会代表们正在举手表决。

之花。

近代以来，由于列强野蛮入侵和封建统治腐朽无能，中国一步步沦为半殖民地半封建社会。为了救亡图存，各种政治势力及其代表人物纷纷登场，围绕实行什么样的政治制度和政权组织形式提出各种主张、给出各种方案。中国尝试过君主立宪制、议会制、多党制、总统制等各种形式，都先后失败了。在长期的探索和抗争中，中国人民逐渐认识到，不触动旧的社会根基的自强运动，各种名目的改良主义，旧式农民战争，资产阶级革命派领导的民主主义革命，照搬西方政治制度模式的各种方案，都不能完成中华民族救亡图存和反帝反封建的历史任务，都不能为中国实现国家富强、人民幸福提供制度保障。

我们党从成立之日起，就以实现人民当家作主为己任，团结带领人民进行新民主主义革命，为争取民族独立、人民解放不懈奋斗。新中国成立后，我们党带领人民在建立社会主义经济制度的基础上，根据中国革命的经验和当时面临的任务，逐步建立起人民民主专政的国体、人民代表大会制度的政体，以及中国共产党领导的多党合作和政治协商制度、民族区域自治制度等，形成了我国社会主义民主政治制度的基本框架，实现了向人民民主的伟大跨越，开启了人民当家作主的历史新纪元。改革开放后，我

历史瞬间

1954年10月1日，首都各界欢度国庆，游行队伍抬着《中华人民共和国宪法》的模型通过天安门检阅台前。

们形成了中国特色社会主义政治发展道路，坚持党的领导、人民当家作主、依法治国有机统一，各项民主政治制度不断健全，民主形式日益丰富。进入新时代，中国特色社会主义政治发展道路越走越宽广，人民当家作主的制度体系越来越健全，

历史瞬间

1947年5月1日，内蒙古各地的390多名代表选举产生内蒙古自治政府，标志着我国第一个民族自治区诞生。图为参会代表走出会场。

社会主义民主制度展现出更加旺盛的生命力。

　　事实证明，中国特色社会主义政治发展道路，是近代以来中国人民长期奋斗历史逻辑、理论逻辑、实践逻辑的必然结果，具有强大的生命力，是符合中国国情、保证人民当家作主的唯一正确道路。

二 中国式民主特在哪里

　　2018年12月12日，国务院新闻办发布的《改革开放40年中国人权事业的发展进步》白皮书，集中体现了中国尊重和保护人权的基本原则，也从一个侧面反映了中国式民主让人民权利得到充分保障的重要理念。

　　中国式民主，深深扎根于中华沃土，始终将马克思主义民主理论与中国具体实际相结合，充分汲取中华优秀传统文化和

权威声音

中国特色社会主义民主政治是最广泛、最真实、最管用的民主

沈春耀（全国人大常委会法工委主任）：以人民当家作主为本质特征的中国特色社会主义民主政治，通过一系列行之有效的制度安排和活动规范，实现了形式民主与实质民主相统一、程序民主与实体民主相结合、选举民主与协商民主相促进，是维护人民根本利益的最广泛、最真实、最管用的民主。

全国两会是我国政治生活中一道亮丽的风景线

制度文明中的民主成分，注重借鉴人类政治文明的有益成果，具有丰富内涵和鲜明特色。

中国式民主以党的领导为根本保证。民主不是一个自发过程，要实现人民民主，必须要有一个代表人民利益、反映人民意愿、带领人民共同前进的政党。人民当家作主，就是在中国共产党的领导下实现、发展和逐步完善的。没有中国共产党，就没有人民真正当家作主。辛亥革命后，旧中国一时出现了 300 多个政党和政治团体，但他们大多沦为军阀、官僚和政客争权夺利的工具。有的所谓社会贤达，一人参加 10 多个党派。可以想象，这样的政党能在多大程度上代表人民的利益。今天，中国拥有近 14 亿人口，人民利益具有广泛性、多样性、复杂性等特点，唯有中国共产党有这样的威望和能力，统筹好各方利益和诉求，形成最大公约数，凝聚起全社会的共识和力

特别关注

快递小哥进中南海

2017年7月12日,《快递条例(草案)》向社会公开征求意见。山西省运城市一名快递小哥李朋璇在"2018'我向总理说句话'网民建言征集活动"中,写下了关于"农村生鲜快递易腐烂赔偿贵,盼能买保险"的留言,后被邀请到中南海与李克强总理面对面交流,为快递业发展建言献策。

量为共同目标而奋斗,从根本上保证人民当家作主。

中国式民主以人民当家作主为本质特征。人民是共和国的主人,人民当家作主是社会主义民主政治的本质和核心。这是由我国经济基础决定的,公有制是我国经济的主体,从根本上保证了民主政治不受资本控制和利益集团操纵,不是少数人的民主,而是最广大人民的民主。从民主实践来看,我国保证和支持人民当家作主不是一句口号、不是一句空话,而是秉持国家一切权力属于人民的崇高理念,通过具体的民主制度、民主形式、民主手段,把人民当家作主体现到国家政治生活和社会生活的方方面面。

中国式民主以依法治国为重要保障。依法治国是党领导人民治理国家的基本方式。"治国凭圭臬,安邦靠准绳。"法律是规范社会正常运行的刚性约束，能够保持国家治理的稳定性、连续性，也能够保证民主的制度化、规范化。在当代中国，党领导人民实现当家作主必须靠法治作保障，离开了法治，人民权利就会落空，人民民主就无从谈起。同时，党的领导和人民当家作主都必须在宪法和法律规定的框架内进行，否则就会对社会秩序和人民权利造成损害，进而破坏社会主义民主。

中国式民主以民主集中制为组织原则。马克思主义认为，真正的民主应是人民主权、人民意志的实现。在我国，人民当家作主就是通过民主集中制这一有效合理的原则和方式来实现的。首先，充分发扬民主，集思广益，使人民的意愿和要求得到最广泛表达和反映。在此基础上，集中正确意见，作出科学决策并付诸实践，使人民的意愿和要求得到切实满足和实现。

正是具备这些特色和内涵，中国式民主实现了民主的过程与结果、形式与内容的统一，是维护人民根本利益的最广泛、最真实、最管用的民主。

三 中国式民主优在何处

判断一个国家政治制度究竟好不好，关键要从本国国情来认识，用实践效果来分析，以人民意愿来衡量。中国式民主符合我国国情，适应我国发展要求，体现人民意志，在实践中发挥了巨大威力和作用，彰显出无可比拟的优越性。

双周协商座谈会成为政协协商民主的重要品牌

双周协商座谈会是十二届全国政协在继承人民政协"双周会"传统基础上提出并设立的双周座谈协商制度，于2013年10月22日第一次召开，每两周举行一次。双周协商座谈会以专题为内容、以界别为纽带、以专委会为依托、以多向交流为办法，聚焦党委和政府中心工作以及群众关心、社会关注的重要议题，针对具体问题深入协商，充分发挥了人民政协作为社会主义协商民主重要渠道和专门协商机构的作用。

　　它能够实现最广泛的人民民主。人民当家作主，是社会主义民主的本质要求，但不同层次、不同方面民主需求不同。为了适应这一现实状况，中国式民主构建了十分丰富的民主形式。通过人民代表大会制度、中国共产党领导的多党合作和政治协商制度、民族区域自治制度、基层群众自治制度等多种制度安排，有效保证人民享有更加广泛、更加充实的权利和自由，保证人民广泛参与国家治理和社会治理。

　　它能够形成安定团结的政治局面。饮食之美妙在五味调和，国家之治贵在和谐与共。中国式民主具有很强的社会整合功能，可以有效调节政党、民族、宗教、阶层、海内外同胞等国家政治关系，平衡各种利益诉求，使矛盾和问题在现有体制框架内得到妥善化解，最大限度减少内部分歧和消耗，增强民族凝聚力，保持国家政局稳定和社会和谐发展。

它能够集中力量办大事。人心齐，泰山移。中国式民主在广泛发扬民主、集思广益的基础上，强调集中统一，充分调动一切积极因素，汇聚最广大人民的智慧和力量，集中力量办大

特别关注

修建大柱山隧道需克服种种罕见难题

大柱山隧道是大瑞铁路上的一条隧道，全长 14.5 公里，地质极其复杂多变，施工难度极大，技术难题众多，被称为"世界最难掘进隧道"。从 2008 年开工建设，经过 11 年的艰难施工，于 2019 年 6 月 26 日贯通平行导洞，正洞预计 2020 年全面完工。隧道开通后，火车穿越隧道只需 7 分钟，但劳动者们要付出 13 年的努力。修建大柱山隧道，体现了中国人民迎难而上、坚忍不拔的精神品质，彰显了我国集中力量办大事的制度优越性。图为施工现场和平行导洞贯通时的庆祝场景。

事，有效促进社会生产力解放和发展，促进现代化建设各项事业，促进人民生活质量和水平不断提高。正是因为这一点，新中国才在 70 年间，实施了一个个重大战略，完成了一个个重大工程，攻克了一个个发展难题，战胜了一个个风险挑战，把许多不可能变成了可能，创造了难以想象的奇迹。

它能够维护中国人民和中华民族的福祉。在中华民族发展史上，真正太平的时间并不长。中国已经几十年没有经历过战争，国内也没有出现过大的冲突和纷争，很重要的一个原因，就在于我国政治制度能够最大限度地凝聚起各方面、各阶层、各民族的共同意志。在中华民族大家庭里，中国式民主能够起到"一锚定乾坤"的作用，确保国家政权高度稳定，强化全体人民对统一国家的意识，不断增强政治认同、情感认同和文化认同，做到"六个切实防止"，从而有效维护国家独立自主，

？问与答

问：什么是"六个切实防止"？

答：2014 年 9 月 5 日，习近平总书记在庆祝全国人民代表大会成立 60 周年大会上的重要讲话中提出了"六个切实防止"的要求。一是切实防止出现群龙无首、一盘散沙的现象；二是切实防止出现选举时漫天许诺、选举后无人过问的现象；三是切实防止出现党争纷沓、相互倾轧的现象；四是切实防止出现民族隔阂、民族冲突的现象；五是切实防止出现人民形式上有权、实际上无权的现象；六是切实防止出现相互掣肘、内耗严重的现象。

数说中国

党的十九大代表中一线代表比例明显提高

党的十九大代表中，生产和工作第一线党员共有 771 名，占 33.7%，比党的十八大增加 79 名，提高了 3.2 个百分点。其中，工人党员代表 198 名（农民工党员 27 名），占 8.7%；农民党员代表 86 名，占 3.8%；专业技术人员党员代表 283 名，占 12.4%。

有力维护国家主权、安全、发展利益，确保各民族的安定团结和国家的长治久安。

四　西式民主怎么了

英国"脱欧"、法国"黄马甲"运动、美国政府停摆……近年来，西方主要国家接连出现政治乱象，深陷"民主"旋涡，搞得国家乌烟瘴气、政府狼狈不堪、民众怨声载道。今天，自诩"民主导师"的西式民主正在褪去光环、跌下神坛，日益暴露出弊端和局限，遭到越来越多人的质疑和诟病。

应该说，西式民主变成今天这个样子不是偶然的，它有着与生俱来的基因缺陷。不可否认，西式民主包含着反映历史进步的因素，在人类社会发展中曾起到过积极作用，但它本质上是为维护资产阶级统治和利益服务的，本身存在种种"命门"和"死穴"。比如，英国"脱欧"，就反映了"一人一票"简单多数票决民主的盲从和非理性；又比如，法国"黄

英国"脱欧"

法国"黄马甲"运动

美国政府停摆

马甲"运动，就是放任民粹主义抬头导致的政府信任危机；再比如，美国政府停摆，就是民主党和共和党相互拆台、彼此内耗的恶果。特别是美国的"金钱政治"，使政治沦为金钱的附庸、选举成为有钱人的游戏。即使是竞选一个州长，没有巨额美钞来拉选票，也只能望"位"兴叹。凡此种种，严重背离了民主是众人之治的基本原则，是对民主本身的讽刺和践踏。

某些西方国家不仅没有对自己的民主模式进行彻底反思，还凭借其政治、经济、文化、军事等实力四处兜售，鼓吹它是放之四海而皆准的"普世价值"，是包治百病的"灵丹妙药"。20世纪以来，在西方一波又一波的民主化浪潮推动下，有的国家急欲贴上"西式民主"的标签，有的国家被迫接受"西式民主"的改造。无论是主动移植，还是被强行输入，这些国家大都跌入"民主陷阱"，几乎没有成功范例。有的国家曾经以引进"西式民主"为自豪，但今天也被贫富分化、效率低下、贪腐横行、宗教纷争和政治暴力等社会乱象搞得焦头烂额。还有的国家被西方国家强制进行民主输入，结果不仅没有得到民主的"福音"，反而使国家陷入动荡、人民流离失所。

💓 **网友感言**

- ▶ 走自己的政治发展道路，是中国人民历经千辛万苦、经过反复比较后得出的一条重要历史结论。
- ▶ 中国式民主之所以很有范儿，就是因为它立足中国大地、合乎中国国情，在实践中发挥出巨大威力。
- ▶ 众人拾柴火焰高，众人的事情由众人商量，通过协商形成全社会最大公约数。
- ▶ 我们必须破除对西式民主的迷信，因为那是动乱之源、祸乱之根。

"世界上找不到两片完全相同的树叶"，也没有完全一样的政治模式。新中国70年民主政治建设的实践充分证明，中国式民主在中国行得通、很管用。必须保持坚定的制度自信，不要指望突然搬来一座政治制度上的"飞来峰"，要毫不动摇地沿着中国特色社会主义政治发展道路走下去，让社会主义政治文明焕发出更加耀眼的光彩。

延伸阅读

1. 国务院新闻办公室:《中国的民主政治建设》,新星出版社 2005 年版。

2. 习近平:《在庆祝全国人民代表大会成立 60 周年大会上的讲话》,《人民日报》2014 年 9 月 6 日。

3. 习近平:《在庆祝中国人民政治协商会议成立 65 周年大会上的讲话》,《人民日报》2014 年 9 月 22 日。

扫一扫

微视频

4

文脉同国脉相连

——中国何以文化自信？

　　《我在故宫修文物》通过介绍稀世珍宝的修复过程和修复者的生活故事，展现了中华优秀传统文化的博大精深和精妙绝伦；《上新了·故宫》采用"专家与明星联袂"的方式，把故宫文化元素转化为创新产品的过程完整呈现给观众；"紫禁城里过大年"还原昔日清代皇宫的节日景象，让沉淀于历史的传统节庆文化"活"起来；彩妆、服饰、文具等故宫文创产品火爆热卖，使传统文化融入人们日常生活……近年来，这一系列频频走红的"故宫现象"，引发社会的广泛关注，成为彰显我国文化自信的一个鲜明标识。

文化兴国运兴，文化强民族强。文化是一个国家、一个民族的灵魂，文化自信是实现中华民族伟大复兴的精神力量。中华文化经过历史长河的洗练、峥嵘岁月的磨砺、伟大实践的锻造，是最有韧劲、最具内涵、最富生机的文化，是凝聚亿万人民为新中国发展不懈奋斗的精神力量。在人类文明的浩瀚星空中，中华文化是最有理由充满自信的文化。

一 文化自信是自信之魂

文化作为精神标识，是一个国家、一个民族区别于其他国家和民族的根本特征。文化自信是更基础、更广泛、更深厚的自信，是更基本、更深沉、更持久的力量。坚定中国特色社会主义道路自信、理论自信、制度自信，说到底就是要坚定文化自信。只有对自身文化理想、文化价值充满信心，只有对自身文化生命力、创造力充满信心，才能有坚持坚守的定力、奋起奋发的勇气、创新创造的活力，才能让国家和民族的精神大厦巍然耸立。

坚定文化自信，事关国运兴衰，事关民族赓续。古往今来，任何国家和民族的前途命运，总是与文化自信紧密相连。中华民族在几千年的历史流变中，遭受过无数艰难困苦，但都挺过来、走过来了，其中一个很重要的原因就是，中华文化为中华民族绵延不绝、永续发展提供了坚韧的精神纽带。今天，

❤ **网友感言**

➤ 文化如水，看似柔弱，实则坚韧，能够穿越历史长河的风烟，成为连接过去、现在和未来的精神纽带。

➤ 5000多年浩瀚文明的滋养，上百年精神谱系的浸润，从历史中孕育的中华文化，必将焕发出更加迷人的魅力和风采。

➤ 没有文化的传承接续，就没有中华民族绵延不绝的辉煌历史；没有文化的创新发展，就没有中华民族生生不息的美好未来。

➤ 价值观犹如人生之舵、理想之帆，只有把稳舵、扬好帆，才能驶向实现人生梦想的远方。

几千万海外华人靠什么来维系和认同，中华文化是重要因素和标识。犹太民族虽流散世界各地达千年之久，但靠着顽强的文化生命力重新建立起自己的国家，也证明了文化自信和文化认同的强大作用。目前，世界上儒家、基督教、伊斯兰教三大文化圈，都是靠文化的长期传播和浸润而形成的。

相反，一个抛弃或背叛自己历史文化的民族，是不可能实现发展和振兴的，是没有前途和未来的。在人类历史上，这样的悲剧也一幕幕上演过，给我们以深刻警醒。世界四大文明古国之一的古埃及，曾经创造过盛极一时的灿烂文明，在先后遭到罗马人、阿拉伯人的武力征服和文化侵蚀后，逐渐放弃了对自己历史文化的坚守，导致一个璀璨文明的消失，只留下一座座宏伟的金字塔兀立在黄沙大漠中供后人凭吊。

以史为鉴，可以知兴替。人类文明史反复证明，只有坚定

特别关注

"三片"成为美国文化传播的重要载体

　　"三片"，指的是薯片、影片、芯片。美国依靠这"三片"，使美国文化在世界上广泛传播。以薯片为例，美国的麦当劳、肯德基、汉堡王等快餐品牌几乎遍布全球，成为美国饮食文化的典型代表；拿影片来说，2018年美国海外票房占到总票房的七成多；再比如芯片，全球十大芯片设计企业中，美国占有6席，在芯片产业中处于领先地位。

　　文化自信，才能保证民族的绵延不断，才有可能实现国家的繁荣昌盛和兴旺发达。正是基于对文化自信重大意义和作用的深刻把握，习近平总书记把文化自信作为坚持和发展中国特色社会主义最根本的自信，作为激励全体人民奋勇前进的强大精神力量。这充分反映了我们党高度的文化自省和自觉，集中彰显了中华民族对自身文化强烈的认同感和自豪感。

二　有充分的理由文化自信

　　最近几年，央视几档很火的传统文化节目，吸引人们热情观看。《中国诗词大会》采用竞猜、"飞花令"等比赛形式，让观众领略到古典诗词的韵律和意境之美；《国家宝藏》通过讲述文物的前世今生，让国宝"活起来"，让观众在一眼千年中感悟传统文化的深沉和厚重；《经典咏流传》以"和诗以歌"的形式将传统诗词经典与现代流行元素相融合，深度挖掘中华优秀传统文化蕴藏的人文情怀和价值理念……这些节目，通过电视艺术的手段，生动呈现中华文化的基因密码和独特魅力，唤起了无数人对传统文化的崇敬和自信。

《中国诗词大会》

《国家宝藏》

《经典咏流传》

中华民族是世界上伟大的民族，中华文明 5000 多年来在继承创新中不断发展，在应时处变中不断升华，积淀着中华民族最深沉的精神追求。中国的造纸术、火药、印刷术、指南针、天文历法、哲学思想、民本理念等在世界上影响深远，有力推动了人类文明发展进程。

🎤 **权威声音** ◄

坚定文化自信就是坚定中华民族的自尊自强

陈先达（中国人民大学教授）：中国现在已经不再像旧中国那样在世界政治舞台缺位，或扮演敬陪末座没有发言权的"小媳妇"角色，而是带着中国特色社会主义建设的伟大成就，带着推动构建人类命运共同体的主张，带着解决世界面临的问题的中国方案、建议和话语，自信地走近世界舞台的中央。习近平总书记在党的十九大报告中提出，要"引导人们树立正确的历史观、民族观、国家观、文化观"，为我们从理论上阐明文化自信提供了重要指导。文化自信是对中华文化的历史起源、发展、精神特质和精髓的总体性判断，是秉持对中华文化的科学、礼敬、继承、创造性推进的基本立场和态度。

　　人类文明发展到今天，要说哪种文化能够自信的话，中华文化是最有理由充满自信的文化。之所以具有这样的强大底气，就在于中华文化积淀着几千年的优秀传统，传承着革命时期的红色基因，汲取着建设和改革的精神力量。

　　自信源于历久弥新。中华文明是世界上唯一没有中断的既古老又年轻的文明，是人类文明灿烂星空中最绚丽的星宿。5000多年文明江河奔流到如今，涌现出老子、孔子、庄子、孟子、屈原、李白、苏轼、曹雪芹等灿若星辰的伟大人物，诞生了诗经、楚辞、汉赋、唐诗、宋词、元曲、明清小说等浩如烟海的文学经典，为中华民族生生不息、薪火相传提供了精神滋养。这些文化基因和精神标识，历经千年风雨的洗礼依然挺立、生机勃勃。中华文化跨越时空的永恒价值和魅力，是我们的自信之根。

自信源于浴火淬炼。艰难困苦，玉汝于成。中华文化之所以坚韧勇毅，就在于它有着经过血与火的考验、苦和难的磨砺，用无数先烈鲜血染红的精神底色。在28年的革命岁月中，党带领人民坚定信念、矢志不渝，历经磨难、绝处逢生，浴血奋战、敢于胜利，形成了以红船精神、井冈山精神、长征精神、延安精神、西柏坡精神等为代表的革命文化。正是有了在战火中淬炼出来的精神谱系的引领，中国人民才无往而不胜、从胜利走向胜利，中华文化才熔铸了最坚韧的精神气质。

自信源于开拓奋进。新中国的诞生，标志着中国人民站起来了，中华民族精神面貌焕然一新。70年来，党带领人民在战天斗

红船精神

井冈山精神

长征精神

延安精神

西柏坡精神

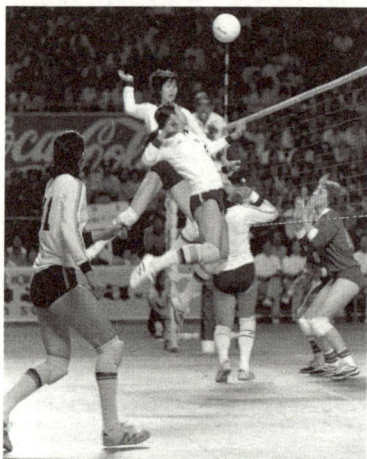

铁人精神

女排精神

抗震救灾精神

地、开拓创新、砥砺奋进的非凡历程中，丰富和发展了社会主义先进文化。无论是艰苦创业的铁人精神、勇于攀登的"两弹一星"精神，还是无私奉献的雷锋精神、勤勉为公的焦裕禄精神；无论是顽强拼搏的女排精神、众志成城的抗震救灾精神，还是开放自强的北京奥运精神、敢于超越的载人航天精神，都是社会主义中国时代精神的精华，为坚定文化自信增添了新的力量。

树高千尺，根伸沃土。中华文化的参天大树之所以根系发达、主干遒劲、枝繁叶茂，就在于中国特色社会主义伟大实践提供了丰厚的土壤和养分。可以说，新中国 70 年以堪称世间翘楚的实践成就，为坚定文化自信奠定了无比坚实的现实基础。

三　文化自信的价值引领

2019年春天，《流浪地球》以近50亿元票房、超1亿观影人次，成就了中国科幻影片的"高光时刻"。这部电影之所以取得巨大成功，很重要的一个原因就是，它与某些国外大片不同，没有宣扬以暴易暴，突出自己高贵、别人卑劣的价值观，而是以世界大同、天下一家的博大胸怀，倡导全人类携手并进、共渡难关。这充分诠释了中华文化"讲仁爱、重民本、守诚信、崇正义、尚和合、求大同"的价值理念和精神境界，彰显了中华文化的自信和担当。

核心价值观是文化最深层次的要素。文化自信，从根本上说，取决于其核心价值观的生命力、凝聚力、引领力。在中国几千年的古代社会中，仁、义、礼、智、信、温、良、恭、俭、让等价值观念深入人心，塑造了中华民族特有的信仰追求、价值取向和精神气质。

"赤橙黄绿青蓝紫，谁持彩练当空舞？"在当代中国，我们的民族、我们的国家应该坚守什么样的核心价值观？党的十八大提出"三个倡导"，从国家、社会、公民三个层面，把社会

北京榜样

自 2014 年以来，北京市推出一大批立得住、叫得响、传得开的榜样人物，涵盖首都各行各业，有科学家、企业家、教授，也有环卫工人、农民及参加首都建设的外地人员。5 年来，周榜、月榜和年榜人物已突破 600 人。他们在平凡的工作生活中，默默无闻地引领社会文明风尚，谱写时代赞歌，成为首都精神文明建设的一张亮丽名片。图为 2019 年 2 月 20 日 50 位年榜人物被授予"时代楷模"称号。

主义核心价值观概括为"富强、民主、文明、和谐，自由、平等、公正、法治，爱国、敬业、诚信、友善"24 个字。党的十九大把培养担当民族复兴大任的时代新人作为培育和践行社会主义核心价值观的着眼点。可以说，社会主义核心价值观犹如高高飘扬的旗帜，指明社会主义文化繁荣兴盛的前进方向，成为当代中国坚定文化自信的价值引领。

价值灯塔定航标，时代新风润神州。党的十八大以来，社会主义核心价值观日益深入人心。从时代楷模、道德模范到最美人物、身边好人，从精神文明创建活动蓬勃开展到入法入规扎实推进，社会主义核心价值观正成为百姓日用而不觉的行为准则，亿万人民以实际行动印证"人民有信仰，国家有力量，民族有希望"。

十年树木，百年树人。大力培育和弘扬社会主义核心价值观，是在人的头脑里搞建设，是一个持之以恒、久久为功的过程。必须在落细、落小、落实上下功夫，把思想教育与社会孕育、内化于心与外化于行有机结合起来，把社会主义核心价值观更好地贯穿到国民教育和精神文明创建之中，充分发挥法律和政策的保障作用，潜移默化地增进人们认同并自觉践行。党员干部和青少年是重点，必须发挥好党员干部的示范带动作用，教育引导广大青少年扣好人生第一粒扣子，自觉做社会主义核心价值观的坚定信仰者和积极践行者。

四 建设社会主义文化强国

1949 年 9 月底，在新中国即将诞生之际，毛泽东同志充满自信地预见："随着经济建设的高潮的到来，不可避免地将要出现一个文化建设的高潮。中国人被人认为不文明的时代已经过去了，我们将以一个具有高度文化的民族出现于世界。"70 年过去了，这个预见正在逐渐变为现实，我们迎来了社会主义文化的繁荣发展，正在为建设社会主义文化强国而不懈奋斗。

一个国家、一个民族的富强，总是以文化繁荣兴盛为支撑的。实现中华民族伟大复兴的中国梦，必须建设一个高度文明

特别关注

新时代文明实践中心

新时代文明实践中心，着眼于凝聚群众、引导群众，以文化人、成风化俗，以县、乡镇（街道）、行政村（社区）三级为单元，以志愿服务为基本形式，打通城乡公共文化服务体系的运行机制、文化科技卫生"三下乡"的工作机制、群众性精神文明创建活动的引导机制，调动各方力量，整合各种资源，创新方式方法，动员和激励广大农村群众积极投身社会主义现代化建设。2018年9月以来，全国多个省区市启动了新时代文明实践中心试点工作。图为甘肃省永登县新时代文明实践中心揭牌仪式。

的社会主义文化强国。在前进的征途上，必须坚定文化自信，走中国特色社会主义文化发展道路，激发全民族文化创新创造活力，不断铸就中华文化新辉煌。

筑牢意识形态安全防线。意识形态决定文化前进方向和发展道路。党的十八大以来，意识形态领域呈现出积极、健康、向上的良好态势，主旋律更加响亮，正能量更加强劲，全党全社会团结奋进的思想基础更加巩固。但意识形态领域并不平静，各种较量和斗争有时十分尖锐复杂。这就要求我们增强忧患意识，时刻保持清醒头脑，不断加强党对意识形态工作的全面领导，在理论上把牢"定盘星"，在导向上握稳"方向盘"，在制度上种好"责任田"，使全体人民在理想信念、价值理念、道德观念上紧紧团结在一起。

提高全社会文明程度。中华民族自古就以重视礼仪著称于世，道德血液在我们这个泱泱大国流淌了数千年。看看今天的中国，无论是人们民族自豪感、爱国主义热情、遵法守规意识、敬业进取精神的大大增强，还是见义勇为者、扶贫济困者、志愿服务者的竞相涌现，都昭示着社会道德的进步，反映了社会文明程度的提升。但社会道德进步之路从来都不是平坦的、直线的，必须增强紧迫感和实效性，通过加强道德教化、注重实践养成、治理突出问题等措施，不断提高人民思想觉

特别关注

县级融媒体中心

县级融媒体中心，就是整合县级广播电视、报刊、新媒体等资源，融合成一个包括媒体、党建、政务、公共、增值等服务在内的综合媒体平台。2018年在全国先行启动600个县级融媒体中心建设，到2020年年底基本实现全覆盖。图为四川省成都市新都区融媒体中心启动仪式。

悟、道德水准、文明素养，积聚向上向善的强大精神力量。

增强国家文化软实力。近年来，我国文化建设呈现出繁荣发展的景象，文艺创作由"高原"向"高峰"迈进，文化事业、文化产业蓬勃发展，文化基础设施不断完善，群众文化生活日益丰富多彩，文化软实力和中华文化的影响力大幅提升。目前，中国电视剧和图书年产量稳居世界第一，电影产量高居世界第二。2018年，全国电影总票房达到609.76亿元，同比增长9.06%；国产电影产量为1082部，总票房为378.97亿元，同比增长25.89%，市场占比为62.15%；全国艺术表演团体共演出312.46万场，国内观众达13.76亿人次，总收入达366.73亿元。美人之美，美美与共。文明因多样而交流，因交流而互鉴，因互鉴而发展。我们坚持同世界上不同国家、不同

👁 **特别关注** ◀

亚洲文明对话大会

2019年5月15日至22日，亚洲文明对话大会在北京隆重举行。这次大会以"亚洲文明交流互鉴与命运共同体"为主题，设置了亚洲文化嘉年华、亚洲文明周、亚洲文化展演、亚洲文明联展、亚洲影视周、亚洲美食节等诸多交流活动，成为促进亚洲及世界各国文明开展平等对话、交流互鉴、相互启迪的一个新平台。

民族、不同文化的交流互鉴，汲取其他文明的优秀成果，不断创造出跨越时空、富有永恒魅力的文明成果。

"国民之魂，文以化之；国家之神，文以铸之。"回望新中国 70 年壮丽征程，社会主义文化繁荣发展，奏出了响亮的时代强音，向世人展现了中国人民感天动地的奋斗史诗；展望中华民族伟大复兴美好图景，建设社会主义文化强国，必将书写更加辉煌的文化篇章，把中国人民的雄心壮志呈现给世界。

延伸阅读

1. 习近平：《一个国家、一个民族不能没有灵魂》，《求是》2019 年第 8 期。

2. 习近平：《深化文明交流互鉴 共建亚洲命运共同体——在亚洲文明对话大会开幕式上的主旨演讲》，《人民日报》2019 年 5 月 16 日。

3. 习近平：《坚定文化自信，建设社会主义文化强国》，《求是》2019 年第 12 期。

扫一扫

5

幸福是奋斗出来的

——中国老百姓日子怎样越过越红火？

　　"建国"，这个词承载了中国人太多的时代印记和家国情怀。2019 年以来，全国多地发起"寻找身边的建国""我的名字叫建国""我与共和国一路同行"等活动，寻访共和国同龄人，讲述他们 70 年的生活变迁。千千万万个"建国"的"小确幸"，犹如滴滴水珠折射出奋斗人生的多彩光辉，好比涓涓细流汇集成幸福中国的汪洋大海。

　　"人民对美好生活的向往，就是我们的奋斗目标"，这是我们党对人民作出的庄严承诺；"只有奋斗的人生才称得上幸福的人生"，这是对新中国奋斗者的最好诠释。70 年来，我们党带领人民、依靠人民，在实现国家富强、民族复兴的征程上，为奋斗者赢得了人生出彩的机会，创造了属于人民自己的美好生活。

一　人民是共和国的坚实根基

　　一个国家的国名，往往是这个国家根本性质的集中体现。新中国诞生前夜，关于新生国家采用什么样的国名，有过不同的方案。有人提议取名"中华苏维埃社会主义共和国联盟"，也有人建议使用"中华共和国"，还有人主张叫"中华人民民主共和国"，等等。经过反复酝酿和考虑，最终确定国名为"中华人民共和国"。"人民"二字深深镌刻在新中国的名字上，鲜明亮出了人民是共和国的主人这一根本政治立场。

　　人民是共和国的真正缔造者。党和军队来自人民，从人民之中获得最深厚的力量。战争年代，正是有了人民的支持和拥护，党带领人民军队才有了"试看天下谁能敌"的豪情和底气。人们常说，井冈山革命火种是在苏区人民的支持和掩护下得以燎原的，延安红色政权是陕北人民用小米哺育出来的，淮海战役的胜利是人民用独轮小车推出来的。人民是真正的英

历史瞬间

"最后一碗米，用来做军粮；最后一尺布，用来做军装；最后一个儿子啊，送他上战场。"这首歌谣生动表达了人民群众对党和人民军队的深厚感情。图为老百姓送儿参加八路军。

雄，是历史的创造者。如果离开了人民，我们就不可能取得革命的最终胜利，更没有新中国的诞生。

人民是共和国的伟大建设者。人民群众是历史发展和社会进步的主体力量，新中国辉煌成就是中国人民靠自己的双手起早贪黑辛勤干出来的，共和国的坚实大厦是中国人民一砖一瓦日积月累艰苦建起来的。70年来，在党的领导下，中国人民自力更生、艰苦奋斗，勇立潮头、披荆斩棘，一次次攻坚克难，一次次砥砺前行，为推动新中国时代车轮滚滚向前汇聚了洪荒伟力。在共和国的历史上，挺立的是中国人民顶天立地的民族脊梁，浸透的是中国人民风雨兼程的辛勤汗水，凝结的是中华儿女对民族复兴的渴望追求。

人民是共和国的最终评判者。时代是出卷人，中国共产党人是答卷人，人民是阅卷人。新中国一路走来，我们党始终把人民拥护不拥护、赞成不赞成、高兴不高兴、答应不答应作为根本标准和价值取向，做到人民有所呼、党就有所应，使党和国家事业始终体现群众意愿，经得起实践、人民和历史的检验。70 年来，正是有了人民意愿这把最好的历史尺子，坚持"以百姓心为心"，共和国才顺应时代潮流，始终沿着正确方向前进。

二 人民生活的巨大变化

"四大件"，在中国人民生活中是一个多么具有历史印记的词汇。20 世纪 50 年代到 70 年代，自行车、缝纫机、手表、收音机"三转一响"，成为那个时代每个家庭都渴望拥有的稀罕物。八九十年代，彩电、冰箱、洗衣机、录音机这四样家用电器，是逐渐富起来的人们过上好日子的"标配"。近一二十年来，随着中国老百姓生活水平的大幅提高，琳琅满目的商品"飞入寻常百姓家"，"四大件"这个说法随之退出

老物件 ◄

"四大件"的变迁

历史舞台，成为人们对过去生活的美好记忆。

“芝麻开花节节高。”70 年来，中国人民的日子过得一天比一天好，早已告别缺衣少食、物质匮乏的年代，实现了从贫穷到温饱再到总体小康的历史性跨越。宏大叙事的背后是无数个体命运的改变，见证这一历史奇迹的人们是多么的感慨，生逢这一美好时代的人们是多么的幸福。

老物件

肉票、粮票、布票

收入水平不断提高。收入是反映人民生活水平的重要标志。70 年来，中国人民的收入大幅度上升，老百姓的“钱袋子”鼓了，过好日子的腰杆硬了。我们的收入水平不仅体现在整体提高上，贫富差距也逐渐缩小。国家统计局数据显示，我国基尼系数 2008 年达到 0.491 峰值后，总体呈下降趋势。今

问与答

问：什么是“基尼系数”？

答：“基尼系数”，又称洛伦茨系数，是国际上通行用来衡量一个国家或地区居民收入差距的常用指标。“基尼系数”最大为 1，最小等于 0，越接近 0 表明收入差距越小，越接近 1 表明收入差距越大。

天，过上殷实生活的人们，正在朝着实现全体人民共同富裕的目标不断迈进。

消费结构不断升级。今天的中国人，已经不再满足于衣食住行等基本生活需求，而是追求更高品质的生活。我们告别模仿型、同质化、单一化的消费需求，逐渐向个性化、差异化、多元化转变，消费结构从生存型向发展型、享受型升级迭代。听一场走心的音乐会、上一堂有趣的付费知识课、来一次酣畅淋漓的"撸铁"，成为越来越多人的消费选择；"唯美食和美景不可辜负"，"要么读书，要么旅行，灵魂和身体总有一个在路上"，成为新一代年轻群体的消费理念。

民生福祉不断改善。"天地之大，黎元为先。"解决民生难题、补齐民生短板，是关系亿万群众幸福生活的大事，也是党

👁 **特别关注** ◀

2019 年五一小长假旅游市场火爆

4 天假期，国内旅游共接待 1.95 亿人次，实现旅游收入 1176.7 亿元。消费额在 501—1000 元的游客比例最高，占 38%。民航国内航空公司航班量 52725 班，同比增长 5.63%。旺盛的出游需求让小长假旅游消费市场十分火爆。

数说中国

2018 年民生数据

- 全国基本养老、失业、工伤保险参保人数分别达到 9.42 亿、1.96 亿、2.39 亿
- 全国社保卡持卡人数超过 12 亿，覆盖全国 88% 的人口
- 全国统一的电子社保卡在 26 个省区市的 230 个城市签发
- 17 种抗癌药大幅降价并纳入国家医保目录，平均降幅 56.7%，在 11 个城市开展药品集中带量采购和使用试点
- 全国基层医疗卫生机构 95 万个，其中，乡镇卫生院 3.6 万个，社区服务中心（站）3.5 万个，门诊部（所）24.8 万个，村卫生室 63 万个

和政府的牵挂和责任。这些年来，随着我国"家底"越来越厚实，我们拿出更多的钱改善民生，不断推出一个个惠民政策，不断实施一个个民生工程，不断解决一个个突出难题，向着"幼有所育、学有所教、劳有所得、病有所医、老有所养、住有所居、弱有所扶"的目标迈进。

兜底保障不断夯实。小康路上一个都不能少，幸福中国不能落下贫困群众。我们按照保基本、兜底线的原则，做好生活困难的老年人、重度残疾人、重病患者、困境儿童等低保和特困人员的基本生活保障工作，织牢民生安全网的"网底"；我们让 7 亿多农村贫困人口成功脱贫，使贫困发生率下降至 1.7%，近 6 年来平均每分钟就有近 30 人摘掉贫困帽子。

70年时光变幻，新中国发展的指针划过960多万平方公里，为中华大地带来万千改变。在这部壮丽的时间交响曲中，最生动、最具象、最触动人心的，就是亿万中国人民的幸福乐章。

三 坚持以人民为中心

春风和煦，山城透绿，一派生机勃勃的景象。2019年4月中旬，习近平总书记千里迢迢来到重庆，看望大山深处华溪村的贫困农民，召开解决"两不愁三保障"突出问题座谈会。党的十八大以来，习近平总书记像这样风雨兼程、访贫问苦的足迹几乎遍布大江南北。

从黄土高坡到青藏雪域，从太行老区到乌蒙山脉，从"贫瘠甲天下"的甘肃定西到"隔山走一天"的四川大凉山……习近平总书记听民声、察民情、思对策，用脚步践行着始终把人民放在心中最高位置的情怀和理念。

"人民"二字，重于千钧。坚持以人民为中心的发展思想，

问与答

问：什么是"两不愁三保障"？

答："两不愁"即不愁吃、不愁穿，"三保障"即义务教育、基本医疗、住房安全有保障。到2020年稳定实现农村贫困人口"两不愁三保障"，是贫困人口脱贫的基本要求和核心指标。

❤ **网友感言** ◀

◉ 新时代新起点，为奋斗者提供人生出彩的舞台，为梦想者铺就抵达成功的道路。

◉ 城市大医院是"主动脉"，基层医疗机构是"毛细血管"，要想让"主动脉"不堵，最好的办法就是疏通"毛细血管"。

◉ 做大社会财富这个"蛋糕"很重要，分好"蛋糕"也事关亿万人民的幸福感受。

◉ 观念一变天地宽，房价过高的时候，"房奴"未必真幸福，租房其实也划算。

深刻回答了我们党"为了谁、依靠谁、我是谁"的根本立场问题，集中体现了以习近平同志为核心的党中央人民至上的不懈追求，彰显了共产党人的初心和本色。"治国有常，而利民为本。"这一思想好比指南针，指明我们党治国理政的价值取向和实践旨归。

不忘初心，方得始终。我们党来自人民、植根人民、服务人民，除了国家、民族、人民的利益，党没有任何自己的特殊利益。为人民谋幸福是党永恒不变的初心和矢志不渝的奋斗目标。正如革命年代有老百姓说，什么是共产党？共产党就是自己有一条被子，也要剪下半条给老百姓的人。90多年来，我们党正是怀揣这样的初心，抛头颅、洒热血干革命，敢拼搏、战天地搞建设，当先锋、闯新路促改革，目的就是让人民过上好日子。可以说，一部中国共产党的历史，就是实现人民对美好生活向往的奋斗史。

"问苍茫大地，谁主沉浮？"历史车轮滚滚向前，只有人民才是历史的创造者。回望过去，波澜壮阔的中华民族发展史是中国人民书写的，博大精深的中华文明是中国人民创造的，历久弥新的中华民族精神是中国人民培育的，中华民族迎来伟大复兴的光明前景也是中国人民奋斗出来的。展望未来，必须牢固树立人民群众的主体地位，尊重人民群众的首创精神，坚持以人民群众评判为第一标准，依靠近14亿人民的力量创造新的历史伟业。

共同富裕，是自古以来中国人民孜孜以求的社会理想，也是社会主义的本质要求。新时代中国特色社会主义的一个鲜明特征，是党领导人民团结奋斗、不断创造美好生活、逐步实现全体人民共同富裕。党的十九大在未来30多年的战略安排中，把全体人民共同富裕作为建设社会主义现代化强国的重要内容，分阶段、分步骤进行了谋划和部署。要完成这一宏伟目标，必须坚持以人民为中心，在全民共享、全面共享、共建共享、渐进共享中，不断实现好、维护好、发展好最广大人民的根本利益，让发展成果最大限度地惠及全体人民。

群众路线是我们党的生命线和传家宝。不论什么时候，我们都要坚持一切为了群众，一切依靠群众，从群众中来，到群众中去，把党的正确主张变为群众的自觉行动。党员干部绝不能以精英自居，自以为多读了几年书、多出了几趟国、多去了几个地方，就瞧不起群众，觉得自己比群众高明。过去，我们涌现出一大批像焦裕禄、谷文昌、王伯祥这样做群众工作的典型，他们一心为民、服务百姓，团结带领人民群众创造出非凡业绩，赢得了人民群众的肯定和拥护。要以他们为榜样，把群众路线融入经济社会发展全过程，做到老百姓关心什么、期盼什么，就抓住什么、推进什么，通过改革发展给人民群众带来更多实惠。

四 让人民有更多获得感幸福感安全感

城镇新增就业人口 1361 万、资助家庭经济困难学生近 1 亿人次、改造棚户区住房 620 多万套、将 17 种抗癌药纳入医保、减少 1386 万农村贫困人口……这一组民生数据，是 2018 年老百姓收到的"硬核"大礼包，反映了党和政府为增强人民获得感幸福感安全感所作出的努力。

社会建设是一项长期的任务，只有进行时没有完成时。必

数说中国

2018 年教育数据

- 各级各类学历教育在校生总规模 2.76 亿人
- 学前教育在园幼儿 4656.42 万人。其中，普惠性幼儿园在园幼儿 3402.23 万人，增长 4.72%
- 九年义务教育巩固率 94.2%，同比提高 0.4 个百分点
- 高中阶段毛入学率 88.8%，同比提高 0.5 个百分点
- 高等教育毛入学率 48.1%，同比提高 2.4 个百分点

棚户区住户喜迁新居

学生在美丽校园里进行体育锻炼

居民在报销医药费用

老人在养老院做健身操

须顺应人民群众对美好生活的向往，把保障和改善民生作为重中之重，以更大决心、更大力度、更实举措加以推进，努力让人民过上更好生活。

"一枝一叶总关情"，锲而不舍破解突出难题。近年来，在党和政府的努力下，教育、医疗、住房、食品安全等民生"痛点"得到明显缓解，但与老百姓更高质量生活需求还有一定距离。这些难题的解决不是一天两天的事，必须以钉钉子精神抓民生，一件接着一件办，一年接着一年干，承诺了的就一定要兑现，做到件件有着落、事事有回音，让群众看到变化、得到实惠。

"不破楼兰终不还"，尽锐出战决胜脱贫攻坚。截至2018

📌 **权威声音** ◀

确保脱贫成果得到人民认可、经得起历史检验

刘永富（国务院扶贫开发领导小组办公室主任）：贫困县脱贫摘帽是精准扶贫精准脱贫成果的具体体现，必须把严和实的要求贯穿全过程、各环节，确保"脱真贫、真脱贫"，使脱贫成果得到人民认可、经得起历史检验。

年年底，还有 1660 万贫困人口尚未脱贫，且大都是贫中之贫、困中之困。距离完成脱贫任务的最后期限，还有不到两年的时间，正是最吃劲的时候，必须一鼓作气、顽强作战，不获全胜决不收兵。2017 年 9 月《关于支持深度贫困地区脱贫攻坚的实施意见》下发以来，各方面都加大了脱贫攻坚力度。必须在此基础上，逐一研究细化实化攻坚举措，加强督促落实，确保脱贫攻坚胜利收官。

"众人拾柴火焰高"，群策群力促进社会和谐。2018 年 1 月以来，扫黑除恶专项斗争以雷霆万钧之势席卷全国，在人民群众的支持和参与下，如浩瀚东风涤荡污浊，让黑恶势力无处

扫黑除恶专项斗争在行动

遁形。当前，中国社会安定有序，人民安居乐业，越来越多的人认为中国是世界上最安全的国家之一。一个好的社会，不仅要人民生活富裕，也要社会安定和谐。必

须按照共建共治共享的原则，加强社会治理制度建设，完善党委领导、政府负责、社会协同、公众参与、法治保障的社会治理体制，发动全社会各方面力量，形成人人参与、人人尽力、人人共享的良好局面。

社会主义是干出来的，奋斗的人生最精彩。共和国70年的非凡成就，是亿万中国人民努力向前奔跑的结果。在前进征程上，每个人渴望过上美好生活的强烈愿望，必将汇聚成追梦圆梦的磅礴伟力，创造无愧于伟大新时代的新辉煌。

延伸阅读 ◀

1.《习近平对民政工作作出重要指示 强调聚焦脱贫攻坚聚焦特殊群体聚焦群众关切，更好履行基本民生保障基层社会治理基本社会服务等职责》,《人民日报》2019年4月3日。

2.《习近平在重庆考察并主持召开解决"两不愁三保障"突出问题座谈会时强调 统一思想一鼓作气顽强作战越战越勇 着力解决"两不愁三保障"突出问题》,《人民日报》2019年4月18日。

扫一扫

6

生态兴则文明兴

——中国是怎样走上绿色发展之路的?

　　2018年10月,一部在央视一套黄金档热播的电视剧《右玉和她的县委书记们》,将晋西北一个小县坚持不懈植树造林的感人故事带入人们的视野。从新中国成立起,右玉的县委书记们带领当地干部群众展开绿色接力,一干就是70年,将全县林木覆盖率从不足0.3%提升到54%,使曾经风沙成患的不毛之地变成了如今绿树成荫的"塞上江南",用矢志不渝、久久为功的宝贵精神谱写了一曲感人的绿色赞歌。

一腔豪情愚公志，百战风沙绿河山。右玉荒漠变绿洲的生态奇迹，成为新中国绿色发展的典型样板。70年来，我们在建设社会主义现代化的实践中，对人与自然关系的认识不断深入，对生态文明建设规律的把握不断深化，探索出一条生产发展、生活富裕、生态良好的绿色发展之路。

一 人与自然是生命共同体

人从哪里来？人类的起源，是人们关心的永恒话题。现代生物进化论告诉我们，人类从低等生物进化而来，是自然的产物。人类从诞生之日起，就与自然息息相关、休戚与共，构成了一个不可分离的生命共同体。

我国古代就十分强调对自然的尊重，提出了许多关于人与自然和谐共生的朴素思想。比如，老子强调要遵循自然规律，提出"人法地，地法天，天法道，道法自然"的观点；孔子用"钓而不纲，弋不射宿"的仁爱态度，表明了对自然的敬畏之心；《吕氏春秋》批判焚林而田、竭泽而渔的行为，认为是短视之举；等等。正是在这些思想的影响下，我国古代很早就建立了保护自然的国家管理制度，形成了很多行之有效的做法，从而保证了中华文明绵延不断、源远流长。

人与自然和谐共生，是马克思主义的一个重要观点。马克思指出，"人是自然界的一部分"，"人靠自然界生活"，强调人类

❤ 网友感言 ◄

- ▶ 如果违反自然规律，一味向大自然索取，大自然迟早会报复我们。

- ▶ 既不能走"先污染后治理"的老路，也不能走"守着绿水青山苦熬"的穷路，而要走"把绿水青山变成金山银山"的绿色发展新路。

- ▶ 天空蓝蓝，小鸟自由飞翔；河流清清，鱼儿欢快畅游；大地绿绿，人民幸福健康。

- ▶ 治理污染不能等风靠雨，而要主动作为；保护环境不能置身事外，必须从我做起。

- ▶ 保护环境，人人有责，每个人的一小步，都是迈向美丽中国的一大步。

在同自然的互动中生产、生活、发展，不以伟大的自然规律为依据的人类计划，只会带来灾难。针对美索不达米亚、希腊、小亚细亚等地毁坏森林的现象，恩格斯深刻指出："我们不要过分陶醉于我们人类对自然界的胜利。对于每一次这样的胜利，自然界都对我们进行报复。"这些思想，深刻揭示了人与自然的辩证统一关系，人类善待自然就会获得自然的馈赠，反之就会受到自然的惩罚。

一部人类文明史，就是人与自然关系的发展史。原始文明时期，人类必须依附自然，主要靠简单的采集渔猎获得生存所需；农业文明时期，人类广泛利用自然，主要靠农耕畜牧稳定地获取自然资源，以支撑自身发展；工业文明时期，人类利用科技大规模改造自然，一度存在征服自然的理念，凌驾于自然之上，造成了生态环境的巨大破坏，后来认识到保护自然的重要性，开始修复生态、保护环境，人与自然的关系进入新阶段。

今天，生态环境问题是世界各国必须携手解决的重大问题，保护自然环境成为全人类的共识。几百年来，工业化进程创造了前所未有的物质财富，也带

联合国气候大会会场

来了触目惊心的生态破坏，产生了难以弥补的生态创伤，气候变化、酸雨蔓延、大气污染、生物多样性锐减等问题时刻威胁着人类的生存环境，杀鸡取卵、竭泽而渔的发展方式走到了尽头。面对日益严峻的生态环境问题，人类是一荣俱荣、一损俱损的命运共同体，没有哪个国家能独善其身。地球是人类唯一赖以生存的家园。世界各国只有风雨同舟、齐心协力，共同医治生态环境的累累伤痕，共同营造和谐宜居的生态环境，共同保护不可替代的地球家园，才能实现人与自然的和谐共生，让全球生态文明之路行稳致远。

二 绿色发展的探索之路

1973 年 8 月，历时半月之久的第一次全国环境保护会议在北京召开，揭开了中国现代环境保护事业的序幕。这次具有里程碑意义的会议，确立了"32 字环保工作方针"，通过了

知识链接

32字环保工作方针

第一次全国环境保护会议确定了环境保护的32字工作方针，即"全面规划，合理布局，综合利用，化害为利，依靠群众，大家动手，保护环境，造福人民"。

《关于保护和改善环境的若干规定（试行草案）》，向全国发出了消除污染、保护环境的动员令。

我国环保事业孕育于20世纪五六十年代，当时社会生产力还比较落后，生态破坏程度较轻，环境问题还不是那么突出，环保意识尚处于萌芽状态。进入70年代，部分地区环境污染和生态破坏日益严重，环保工作开始提上议事日程。1972年，中国派出代表团参加联合国人类环境会议。1973年，也就是召开第一次全国环境保护会议这一年，被称为中国现代环境保护的"元年"。自此，我国初步形成了涵盖中央、省、地市三级环保组织网络，污染防治工作也有计划地全面开展起来。

进入改革开放新时期，我国环保事业逐渐步入正轨，一系列重大环保举措相继实施。比如，把保护环境确立为基本国策、设立国家环境保护局、颁布环境保护法等。这些有力措施，为推动环保事业发展奠定了坚实基础，对防治环境污染起到了积极作用。但与此同时，由于过去我们主要是依靠粗放型发展模式实现经济快速增长，从而导致资源消耗过大、环境污染严重，自然生态几乎到了难以承载的极限。发达国家工业化百年间出现的环境问题，在我国短期内集中爆发。"五六十年代淘米洗菜，七十年代农田灌溉，八十年代水质变坏，九十年代鱼虾绝代。"这首民谣描述的情景，就是一些地方生态恶化的真实写照。

进入新世纪，我们对环境问题的认识更加深刻，积极探索环境保护新路，先后出台一系列关于环境保护的法律法规，采取一系列重大举措推进可持续发展，推动环境保护取得很大成绩。也就是在这个时期，我们提出了建设生态文明的战略，并将这个战略放到与经济建设、政治建设、文化建设、社会建设同等重要的位置，作为全面建设小康社会的目标之一。

漫漫环保路，绿色启新程。党的十八大以来，以习近平同

特别关注

甘肃省古浪县"六老汉"三代人矢志治沙让荒漠变绿洲

昔日的甘肃省古浪县八步沙林场风沙肆虐，风沙赶着人跑。从 1981 年开始，以石满为代表的 6 位村民奋勇治沙造林，顶着沙进。他们献了自身献子孙，一代接着一代干，苦干 38 年，至今累计治沙造林 21.7 万亩，管护封沙育林草 37.6 万亩，以愚公移山的精神在风沙弥漫的沙漠边缘铸就了一道绿色屏障。他们的事迹感动了人们，被誉为八步沙"六老汉"。

库布其治沙经验获国际社会认可

内蒙古自治区库布其沙漠，总面积1.86万平方公里，是京津三大风沙源之一。经过不懈努力，库布其治理沙漠面积达6000多平方公里，森林覆盖率、植被覆盖度分别增加到15.7%、53%，已经成为"山水林田湖草沙"生命共同体，区域小气候得以改变，过去的黄色沙漠变身"绿色银行"。现在，库布其的治沙经验得到了国际社会的广泛认可，正沿着"一带一路"将治沙的中国方案向更广阔的地区传播。图为库布其沙漠沙棘林。

志为核心的党中央把建设美丽中国摆在前所未有的高度，把生态文明建设纳入中国特色社会主义"五位一体"总体布局，把坚持人与自然和谐共生纳入新时代坚持和发展中国特色社会主义基本方略，把绿色发展纳入新发展理念，把污染防治纳入三大攻坚战，以最坚定的决心、最严格的制度、最有力的举措，推动我国生态文明建设不断迈上新台阶。

三　新时代的绿色发展理念

"绿水青山就是金山银山"，这是浙江省安吉县依靠绿色发展实现华丽转身的思想指引。过去，安吉许多地方靠开矿采石、攫取资源发展经济，"大炮一响，黄金万两"，但使当地生态环境遭受巨大破坏；如今的安吉，因绿兴县、以绿惠民，

浙江省安吉县余村

乡村旅游人气火爆，生态产品声名远播，走出了一条生态富民的绿色之路。安吉的成功实践，成为习近平生态文明思想彰显伟力的生动写照。

党的十八大以来，习近平总书记对生态文明建设倾注了巨大心血，足迹遍布大江南北、城市乡村，对"为什么建设生态文明、建设什么样的生态文明、怎样建设生态文明"的重大问题进行深入思考，提出了一系列标志性、创新性、战略性的重大思想观点。

"生态兴则文明兴"的历史观。生态环境的变化直接影响文明的兴衰演替。曾经璀璨的古埃及、古巴比伦文明的衰落，都与生态环境恶化有关。我国古代一度辉煌的楼兰文明，已被埋藏在万顷流沙之下。必须坚持节约资源和保护环境的基本国策，走生态优先、绿色发展新路，为中华民族永续发展留下生态根基。

"坚持人与自然和谐共生"的自然观。山峦层林尽染，平原蓝绿交融，城乡鸟语花香。这样的自然美景，既带给人们美

的享受，也是人类走向未来的依托。在整个发展过程中，都必须坚持节约优先、保护优先、自然恢复为主的方针，像保护眼睛一样保护生态环境，像对待生命一样对待生态环境，让子孙后代既能享有丰富的物质财富，又能遥望星空、看见青山、闻到花香。

"绿水青山就是金山银山"的发展观。绿水青山既是自然财富、生态财富，又是社会财富、经济财富。必须贯彻创新、协调、绿色、开放、共享的发展理念，加快形成节约资源和保护环境的空间格局、产业结构、生产方式、生活方式，给自然生态留下休养生息的时间和空间。

"良好生态环境是最普惠的民生福祉"的民生观。环境就是民生，青山就是美丽，蓝天也是幸福。发展经济是为了民生，保护生态环境同样是为了民生。必须坚持生态惠民、生态利民、生态为民，重点解决损害群众健康的突出环境问题，不断满足人民日益增长的优美生态环境需要。

"山水林田湖草是生命共同体"的系统观。生态是统一的自然系统，是相互依存、紧密联系的有机链条。人的命脉在田，田的命脉在水，水的命脉在山，山的命脉在土，土的命脉在林和草，这个生命共同体是人类生存发展的物质基础。必须统筹兼顾、整体施策、多措并举，全方位、全地域、全过程开展生态文明建设。

"用最严格制度最严密法治保护生态环境"的法治观。小智治事，大智治制。只有实行最严格的制度、最严密的法治，才能为生态文明建设提供可靠保障。必须加快制度创新，强化制度执行，让制度成为刚性的约束和不可触碰的高压线，才能确保生态文明建设决策部署落地生根见效。

"建设美丽中国全民行动"的共治观。生态文明建设同每个人息息相关。必须通过多种喜闻乐见的生态文明宣传教育活动，把公众的生态环境意识转化为保护生态环境的自觉行动，推动形成绿色发展和绿色生活方式，汇聚起全社会共同建设美丽中国的强大合力。

"共谋全球生态文明建设"的全球观。生态文明建设关乎

👁 **特别关注** ◄

海南海口被评为全球首批国际湿地城市

2018 年 10 月，海南省海口市被国际湿地公约组织评为全球首批国际湿地城市。根据《海口市湿地保护修复总体规划（2017—2025 年）》的要求，到 2025 年，全市湿地保护率将达到 65.76%。图为该市五源河国家湿地公园，园内分布有 427 种植物、128 种野生脊椎动物，包括原鸡、水蕨、野生稻等国家级或省级重点保护动植物，现在已成为市民家门口的湿地科普课堂。

123 数说中国

2018 年绿色数据

1. 蓝天增多

▶ 全国 338 个地级及以上城市平均优良天数比例 79.3%，同比上升 1.3 个百分点

▶ 细颗粒物（PM2.5）浓度 39 微克／立方米，同比下降 9.3%

2. 河湖变清

▶ 31 个省区市饮用水水源地的 6251 个环境违法问题 99.9% 已整改

3. 绿色拓展

▶ 年均新增造林 9000 多万亩，森林覆盖率 22% 以上

4. 生物多样性保护加强

▶ 目前，我国建立各类自然保护地 1.1 万多处，有效保护了 90% 的陆地生态系统类型、85% 的野生动物种群、65% 的高等植物群落和 50.3% 的天然湿地

人类未来，建设绿色家园是人类的共同梦想，保护生态环境、积极应对气候变化是世界各国共同的责任。必须深度参与全球环境治理，推动国际社会高度重视应对气候变化，积极引导国际秩序变革方向，形成世界环境保护、应对气候变化和可持续发展的解决方案。

科学理论指导着实践，实践成果印证着理论。党的十八大以来，在习近平生态文明思想的指引下，我国推动生态环境保护决心之大、力度之大、成效之大前所未有，绿色发展

按下快进键，生态文明建设进入快车道，天更蓝了、山更绿了、水更清了，一幅绿水青山、江山如画的美好图景正在中华大地铺展开来。

四 建设美丽中国

"迟日江山丽，春风花草香。"四月的北京春意盎然，雄伟的长城脚下、美丽的妫水河畔，来自110多个国家和国际组织的代表聚首2019年中国北京世界园艺博览会，共绘美丽地球家园。这次博览会上，"让园艺融入自然，让自然感动心灵"的美好理念，传递绿色生态文明价值的精彩演出，园区与湖光山色的交相辉映……在世界面前精彩绽放了一个美丽而动人的绿色中国。

美是人类的永恒追求，美丽环境是人们对幸福生活的更好向往。建设美丽中国是千年大计，事关中华民族永续发展，事关亿万百姓民生福祉。党的十九大对建设美丽中国规划了清晰的路线图，为建设蓝天常驻、青山常在、碧水长流的美好家园指明了努力方向。

"龙衮九章但挈一领。"建设美丽中国涉及思维观念、发展方式、治理体系等方方面面，是一个极其复杂的系统工程，必须加强总体谋划、搞好顶层设计。当前和今后一个时期，最重要的是加快构建包括生态文化体系、生态经济体系、目标责任

权威声音

大气污染治理既要打攻坚战，也要打持久战

李干杰（生态环境部部长）：大气污染的形成不是一两天，要解决也绝非一夜之间，仍需我们付出更多艰苦卓绝的努力，绝不是"吹个号、打个冲锋"就能够一劳永逸。只要坚持下去，目标是能够实现的。

体系、生态文明制度体系和生态安全体系在内的生态文明体系。通过这一体系的深入实施，到 2035 年美丽中国目标将基本实现，到本世纪中叶美丽中国将完全变为现实。

绿色发展是美丽中国的底色。绿色是生命色、自然色，绿色发展是未来经济的方向、人民群众的期盼。良好生态本身蕴含着无穷的经济价值，能够源源不断创造综合效益，实现经济社会可持续发展。建设美丽中国，就是要改变传统的生产模式和消费模式，实现经济社会发展和生态环境保护协调统一。一方面，加快形成绿色发展方式，调整经济结构和能源结构，培育壮大新型生态产业体系，提高资源全面节约和循环利用水平；另一方面，倡导简约适度、绿色低碳的生活方式，创建节约型机关、绿色家庭、绿色学校、绿色社区，形成文明健康的生活风尚，让绿色生活成为全社会的自觉行动。

治理污染是美丽中国的关键。与过去一段时间相比，全国主要城市空气质量明显好转，细颗粒物（PM2.5）浓度继续下降，控制二氧化碳排放强度取得积极成效，全国地表水优

良水质断面比例大幅度提升，土壤污染也得到有效控制。但重污染天气、黑臭水体、垃圾围城、农村环境问题等仍然是民心之痛、民生之患。必须坚定决心，集中优势兵力，动员各方力量，提高环境治理水平，打好蓝天、碧水、净土保卫战，持续开展农村人居环境整治行动，为老百姓留住鸟语花香田园风光。

生态保护是美丽中国的基础。污染防治和生态保护就像分子和分母的关系，不仅要对分子做好减法，降低污染物排放量，还要对分母做好加法，扩大环境容量，从而减小污染物对环境的影响。必须严格管控生态保护红线，实施生态系统保护

👁 **特别关注** ◄

冰天雪地也是金山银山

冰天雪地是巨大的生态资源宝库。近年来，一些地方在经济转型发展中积极探索发挥自然环境优势，化冰雪资源为冰雪文化、冰雪经济，让"冷资源"热起来。《中国冰雪旅游发展报告（2018）》显示，2017—2018冰雪季旅游人次达1.97亿，冰雪旅游收入约3300亿元，预计到2021—2022冰雪季，我国冰雪旅游人次将达到3.4亿，冰雪旅游收入将达到6800亿元。

和修复重大工程，优化生态安全屏障，构建生态廊道和生物多样性保护网络，打造山水林田湖草生命共同体。同时，做到未雨绸缪，有效防范生态环境风险，妥善应对任何形式的生态环境挑战。

制度建设是美丽中国的保障。建设美丽中国，最可靠的办法是加快推进生态文明体制改革。为改变"九龙治水"的状况，理顺生态保护上的管理职能，2018 年中央整合相关职责组建生态环境部，加强生态环境保护统一监管，切实打通地上和地下、岸上和水里、陆地和海洋、城市和农村、一氧化碳和二氧化碳，形成污染防治和生态保护的整体合力。下一步，在确保已有改革举措落地见效的基础上，围绕解决生态环境领域突出问题，及时制定新的改革方案，重点抓好中央环境保护督察、生态产品价值实现路径试点，健全环保信用评价、信息强制性披露、严惩重罚等制度，用体制改革激发生态文明建设的动力和活力。

"装点此关山，今朝更好看。"70 年来，我们一直为建设一个山川秀美的新中国而不懈努力；展望未来，美丽中国的图景更加令人憧憬。我们相信，在习近平生态文明思想的指引下，全国上下一心，持之以恒地推进生态文明建设，驰而不息，久久为功，就一定能把我们伟大的祖国建设得更加美丽，为子孙后代留下天更蓝、山更绿、水更清的优美环境。

延伸阅读

1.《中共中央国务院关于全面加强生态环境保护 坚决打好污染防治攻坚战的意见》，《人民日报》2018年6月25日。

2. 习近平：《推动我国生态文明建设迈上新台阶》，《求是》2019年第3期。

扫一扫

微视频

7

锻造坚不可摧的钢铁长城

——中国国防和军队现代化是如何推进的？

　　水下蓝鲸蹈海，海面战舰驰骋，空中战鹰呼啸，陆战精锐列阵……2019 年 4 月 23 日，在山东青岛海域举行的庆祝人民海军成立 70 周年盛大海上阅兵活动，向世界集中展示了人民海军的强大实力和威武气势。回想 70 年前，人民海军是从渡江的渔民小木船开始的，而如今已发展为一支纵横万里海疆的现代化海上劲旅。70 年来，人民海军从无到有、从弱到强的发展历史，见证了新中国国防和军队现代化的非凡成就。

孙子曰:"兵者,国之大事,死生之地,存亡之道,不可不察也。"没有一个巩固的国防,没有一支强大的军队,国家和人民的安全就无法保障,发展进步更无从谈起。在新中国不断前行的征程中,人民军队已由过去单一军种的军队发展成为诸军兵种联合的强大军队,由过去落后装备武装起来的军队发展成为基本实现机械化、加快迈向信息化的强大军队。

一 从胜利走向胜利

"向前!向前!向前!我们的队伍向太阳!脚踏着祖国的大地,背负着民族的希望,我们是一支不可战胜的力量……"雄浑激荡、铿锵有力的《中国人民解放军军歌》,唱出了人民军队崇高而神圣的历史使命和责任担当,唱出了人民军队勇往直前、无往不胜的豪情壮志和英雄气概。

南昌城头一声枪响,宣告人民军队诞生。自那时起,在中国共产党的领导下,人民军队经过22年的英勇斗争、浴血奋战,夺取了土地革命战争、抗日战争、解放战争的伟大胜利,推翻了压在

历史瞬间

八一南昌起义

中国人民头上的"三座大山"，用鲜血和生命铸就了新中国的坚实根基。

新中国的隆隆礼炮，开启军队现代化崭新征程。为巩固新生人民政权、捍卫共和国万里疆域，我们党提出建设一支优良的现代化革命军队的总方针和总任务，初步形成了推进军队现代化的根本方针。从单一军种到合成军队，从"小米加步枪"到"两弹一星"，人民军队军兵种结构不断完备，武器装备水平不断提高，实战能力不断增强，现代化建设迈出了崭新步伐。

改革开放的滚滚春雷，翻开军队现代化新篇章。进入新时期，我们党适应国际形势的发展演变和国内改革发展的现实需要，先后提出了"建设强大的现代化正规化革命军队""积极

推进中国特色军事变革""全面加强军队革命化现代化正规化建设"的重大战略思想，引领军队现代化实现跨越式发展。无论是百万裁军的"瘦身"还是走精兵之路，无论是发展"杀手锏"装备还是着眼打赢信息化战争，无论是推动战斗力生成模式转变还是提高完成多样化军事任务能力，都是立足军队长远发展的"大手笔"，推动人民军队现代化驶入快车道。

新时代的嘹亮号角，吹响强军兴军壮丽凯歌。着眼实现中华民族伟大复兴的中国梦，以习近平同志为核心的党中央对国防和军队建设作出深邃思考和战略谋划，围绕新时代建设一支什么样的强大人民军队、怎样建设强大人民军队提出了一系列新观点新要求，形成了习近平强军思想。这一思想犹如高高耸立的灯塔，指引着强军兴军的时代征程。我们党以前所未有的

权威声音

坚持党对军队的绝对领导是人民军队发展壮大的军魂和根本保证

任天佑（国防大学国家安全学院原院长）：我们党在创立人民军队之初就深刻认识到，人民军队不是单纯执行打仗任务的军队，而是执行革命政治任务的武装集团；党对军队的领导不是单纯的军事指挥，还包括复杂艰巨、要求更高的政治领导，由此确立了党对军队绝对领导的根本制度，使人民军队有了自己的立军之本、建军之魂，成为一支为信仰而战、为人民利益而战的军队。

气魄和决心，强力推进全面深化国防和军队改革，实现了人民军队政治生态重塑、组织形态重塑、力量体系重塑、作风形象重塑，人民军队重整行装再出发，沿着中国特色强军之路阔步前行。

人民军队一路走来，紧跟党和人民事业前进的步伐，在战斗中成长，在继承中创新，在建设中发展，取得一个又一个辉煌胜利，不断书写现代化历史新篇章。

二 强国必须强军

近年来，《战狼Ⅱ》《红海行动》等一系列反映我军海外行动的大片热映，点燃了亿万观众对强大人民军队的热血豪情。影片中"犯我中华者，虽远必诛""勇者无畏，强者无敌""我们是中国海军，我们带你们回家"等直抵人心、让观众记忆深刻的经典台词，深刻揭示了一个亘古不变的道理：一个强大国家背后必须有一支强大军队。

历史车轮滚滚向前。站在中国日益走近世界舞台中央、中

华民族实现伟大复兴新的历史起点上，建设一支强大军队从来没有像今天这样紧迫，国防和军队现代化的任务前所未有地摆在我们面前，"强国必须强军"成为民族走向复兴、中国走向世界的必然选择。

从世情看，今天的世界急剧变化，要求建强军队应对外部安全威胁。当前，国际形势正处于新的转折点上，国际战略格局、全球治理体系、全球地缘政治棋局、综合国力竞争发生重大变化，世界发展进程和走向进入加速演变和深刻调整时期。我国发展壮大是推动国际格局和治

中国海军护航编队在阿拉伯海水域亚丁湾为商船实施安全护送

理体系深刻变革最重要的动因，世界对我国的依靠和影响不断加深，也给我国带来诸多不稳定因素和不确定的安全威胁。只有建设一支能够保卫领土主权、捍卫国家利益、维护世界和平的强大军队，才能适应我国走向世界的战略需要。

从国情看，今天的中国由大向强，要求建强军队提供和平安定环境。现在，我国正处于实现中华民族伟大复兴的关键阶段，维护国家统一、保持社会稳定的任务艰巨繁重。同时，我国正处于改革攻坚期和矛盾凸显期，一些社会矛盾特别是一些热点敏感问题燃点低、爆点多，维护社会大局稳定压力增大。

2015 年 9 月 3 日，纪念中国人民抗日战争暨世界反法西斯战争胜利 70 周年阅兵式在北京隆重举行

只有把军队建设得更强大，充分发挥军事力量"定海神针"的保底作用，才能确保中华民族伟大复兴的进程不被迟滞或中断。

从军情看，今天的军队变革转型，要求建强军队实现现代化目标。近年来，世界新军事革命浪潮风起云涌，军事技术和战争形态出现革命性变化，各主要国家围绕谋取军事优势地位、夺取军事战略主动权的国际竞争进一步加剧。军事上的落后一旦形成，对国家安全的影响将是致命的。我国军队也必须紧紧抓住新军事革命的历史机遇，全面推进军事理论现代化、军队组织形态现代化、军事人员现代化、武器装备现代化，全面建成世界一流军队，在新一轮国际军事竞争中赢得先机。

三 党在新时代的强军目标

魏晋时期思想家傅玄有句名言："秉纲而目自张，执本而末自从。"讲的是抓住了事物的根本，就能带动其他问题的解决，促进全局性发展。国防和军队现代化建设是一项庞大的系统工程，必须秉纲执本，引领军事实力实现整体性跃升。

目标擘画蓝图，目标指引方向。习近平总书记准确把握国家安全环境深刻变化、强国强军时代要求，着眼有效履行新时代军队使命任务，提出党在新时代的强军目标是建设一支听党指挥、能打胜仗、作风优良的人民军队，把人民军队建设成世界一流军队。这是新时代强军兴军的总遵循，为当前和今后一段时期国防和军队现代化建设擘画了宏伟蓝图。

听党指挥是强军之魂。人民军队是党亲手缔造的，听党指挥是我军与生俱来、不可分离的灵魂。丢了这一条，人民军队就丢了魂魄、无所依归。听党指挥是我军攻无不克的制胜秘诀，也是一切敌人最惧怕我们的一点。无论时代如何发展，形势如何变化，人民军队都要铸牢听党指挥这个强军之魂，增强"四个意识"、坚定"四个自信"、做到"两个维护"，贯彻军委主席负责制，毫不动摇坚持党对军队绝对领导的根本原则和制

📖 知识链接 ◄

新时代军队使命任务

一、我军必须为巩固中国共产党领导和我国社会主义制度提供战略支撑；

二、我军必须为捍卫国家主权、统一、领土完整提供战略支撑；

三、我军必须为拓展我国海外利益提供战略支撑；

四、我军必须为促进世界和平与发展提供战略支撑。

▶ 从鸦片战争到甲午战争，近代史上一幕幕"剜心之痛"一再警示：落后就要挨打，军弱必受欺凌。

▶ 天下并不太平，和平需要保卫。我们生活在一个和平的国家，就是因为有一支捍卫和平的军队。

▶ 战场胜负可能只是一朝一夕的事，但决定胜负的力量却是日积月累形成的。

▶ 强军是强国的标配，强国是强军的底气。

▶ 战场从来无亚军，打不赢一切等于零。

▶ 一个鸡蛋从内破壳，是突围、是新生；一支军队自我革新，是重塑、是再造。

度，确保部队绝对忠诚、绝对纯洁、绝对可靠。

能打胜仗是强军之要。俗话说，文无第一，武无第二。军队存在为打仗，军人生来为战胜。我军素以能征善战著称于世，但能打胜仗的标准是随着实践发展飞速变化的，以前能打胜仗不等于现在能打胜仗，更不等于未来能成为赢家。面对世界新军事革命的时代洪流，面对我军职能使命的拓展变化，人民军队必须扭住"能打仗、打胜仗"这个核心，瞄准战斗力这个唯一的根本的标准，紧紧抓住机遇、加快发展，补齐短板、创造优势，提高我军信息化条件下威慑和实战能力，做到召之即来、来之能战、战之必胜。

作风优良是强军之基。作风是一个军队的形象和面貌，关系军队的性质、宗旨、本色。作风优良能够塑造英雄部队，作风松散会搞垮王牌军队。解放战争时期，我军之所以能打败兵力和装备远胜于我们的国民党军队，一个很重要的原因就在于我军作风优良。在长期和平条件下，特别是受到市场经济不良因素的影响，军队的作风建设面临着严峻的、现实的巨大考验。必须把作风建设作为基础性长期性工作抓紧抓实，发扬艰苦奋斗精神，锻造铁的纪律，纯正军队风气，内练硬功、外树形象，确保我军血脉永续、根基永固、优势永存。

听党指挥、能打胜仗、作风优良三者相互联系、密不可分，其中，听党指挥是灵魂，能打胜仗是核心，作风优良是保证。这一强军目标，与我们党一以贯之的建军治军指导思想和方针原则是一致的，与革命化现代化正规化建设相统一的全面建设思想是一致的，统一于建设强大人民军队的实践。在推进国防和军队现代化的新征程中，强军目标已经发出了强军兴军

特别关注

朱日和阅兵

2017年7月30日，为庆祝中国人民解放军建军90周年，盛大的阅兵仪式在朱日和联合训练基地举行。这次阅兵中，共有1.2万名官兵、600余台（套）地面装备、100多架各型飞机接受检阅，气势如虹、排山倒海，集中展示了我军威武之师、雄壮之师的良好形象。

总动员令，成为人民军队的主旋律、最强音。

四 走中国特色强军之路

古田全军政治工作会议擦亮政治本色、全面深化改革革命性重塑、首艘国产航母成功下水、歼－10B"落叶飘"惊艳全球、把依法治军纳入依法治国基本方略……近年来，强军兴军的大动作不断推出，亮点频频、成效显著，国防和军队现代化建设蹄疾而步稳，为锻造一支坚不可摧的大国军队奋勇前行。

古田会议会址

首艘国产航母成功下水

中国战机飞行表演

当前，中国特色强军之路到了向纵深推进的紧要关头，必须紧紧围绕党在新时代的强军目标，牢牢把握"五个更加注重"的要求，大力加强政治建军、改革强军、科技兴军、依法治军，不断提高人民军队建设质量和效益，努力开创国防和军队现代化建设新局面。

? 问与答 ◀

问: 什么是"五个更加注重"?

答: 一是更加注重聚焦实战，明确了发展基点问题；二是更加注重创新驱动，明确了发展动力问题；三是更加注重体系建设，明确了发展方向问题；四是更加注重集约高效，明确了发展效能问题；五是更加注重军民融合，明确了发展路径问题。

把好政治建军"方向盘"。政治工作是人民军队的生命线，是走好强军之路必须把好的"方向盘"，把不好就会迷失方向，甚至滑入深渊。过去一段时间，我军政治生态一度有所恶化，出现了触目惊心的问题。习近平总书记在古田全军政治工作会议上集中点了部队中特别是领导干部中存在的 10 个方面突出问题，指出这些问题已经到了非解决不可的时候，否则军队就有变质变色的危险。这几年，我军以勇于自我革命的精神猛药去疴、刮骨疗毒，政治生态为之一新，但政治建军的生命线须臾不可松懈，必须更加坚定自觉地贯彻政治建军要求，坚持党对军队绝对领导，把理想信念、党性原则、战斗力标准、政治工作威信这四个带根本性的东西立起来，着力培养有灵魂、有本事、有血性、有品德的新时代革命军人。

开足改革强军"发动机"。改革是强军兴军的动力源，是军队制胜未来的关键一招。2015 年以来，一场整体性、革命性的变革在军队深入展开，改革的深度、力度和广度在我军历史上前所未有，"三大战役"梯次接续、前后衔接、压茬推

2019 年 4 月，中俄两国海军在青岛海域举行"海上联合－2019"军事演习

进，推动人民军队自我变革、自我重塑。4 年间，番号改了、臂章换了、体制顺了、结构优了……人民军队在改革中凤凰涅槃、浴火重生。行百里者半九十。必须在已有改革成效的基础上，决心不变、焦点不散、力度不减，深入解决制约国防和军队建设的体制性障碍、结构性矛盾、政策性问题，完善和发展中国特色社会主义军事制度，加快构建中国特色现代军事力量体系。

加速科技兴军"驱动轴"。科技是现代战争的核心战斗力，是建设创新型人民军队的强大驱动力。目前，世界各主要军事强国均将科技进步作为提升战斗力的重要推动力，科技在军事领域的广泛运用正引起战争形态和作战方式的深刻变化，一场围绕钻研军事关键技术、抢占未来战争制高点的攻坚战已经打响。遥想 100 多年前，区区 4000 多英军远航万里而来，能够轻易击败几十万清军，一个重要的原因就是军事技术上的代差。历史教训必须铭记。我军必须以时不我待的紧迫感和危机感，瞄准世界军事科技前沿，加强前瞻谋划设计，加快战略性、前沿性、颠覆性技术发展，不断提高科技创新对人民军队建设和战斗力发展的贡献率，推动军队现代化建设尽快转入创新驱动发展轨道。

绷紧依法治军"规则线"。令严方可肃兵威，命重始于整纲纪。厉行法治、严肃军纪，是古今中外治军带兵的铁律，是建设一支强大军队的不二法则。我军是唱着《三大纪律八项注意》走向胜利的，是秉持"一靠理想二靠纪律"走向正规化的，依法治军、从严治军是人民军队的光荣传统，也是新的历史条件下锻造威武文明之师的必然要求。必须深入贯彻《中央军委关于新形势下深入推进依法治军从严治军的决定》，进一步在完善军事法规制度、法治实施、法治监督、法治保障上下功夫，强化法治信仰和法治思维，构建完善中国特色军事法治体系，加快治军方式"三个根本性转变"，在全军形成党委依法决策、机关依法指导、部队依法行动、官兵依法履职的良好局面，以法治引领和保障建设强大军队。

建设一支强大的人民军队，是共和国一路走来的坚强保

❓ 问与答

问：什么是治军方式"三个根本性转变"?

答：治军方式"三个根本性转变"，是指从单纯靠行政命令的做法向依法行政的根本性转变，从单纯靠习惯和经验开展工作的方式向依靠法规和制度开展工作的根本性转变，从突击式、运动式抓工作的方式向按条令条例办事的根本性转变。

证，也是实现中华民族伟大复兴的战略支撑。在追梦圆梦的时空轴上，强军梦与强国梦交相辉映、相互托举。只有坚持富国和强军相统一，深入推进军民融合发展战略，才能巩固军政军民团结，不断书写强国强军的辉煌篇章。

延伸阅读

1. 习近平：《在庆祝中国人民解放军建军 90 周年大会上的讲话》，《人民日报》2017 年 8 月 2 日。

2.《习近平在中央军委军事工作会议上强调 在新的起点上做好军事斗争准备工作 坚决完成党和人民赋予的使命任务》，《人民日报》2019 年 1 月 5 日。

扫一扫

8

血浓于水一家亲

——中国是如何坚持"一国两制"和 推进祖国统一的?

一桥连三地,天堑变通途,被誉为"现代世界七大奇迹"之一的港珠澳大桥于 2018 年 10 月 24 日正式通车。大桥全长约 55 公里,跨越伶仃洋,东接香港,西接珠海和澳门,是"一国两制"下粤港澳首次合作共建的重大战略工程,有力推动内地、香港、澳门互联互通和互利合作,成为联结粤港澳三地的同心桥、互惠桥、圆梦桥。

实现祖国完全统一，是中华民族的根本利益所在，是不可阻挡的历史潮流。"一国两制"既坚持了一个国家的根本原则，又充分考虑港澳台三地的历史现状，具有很强的灵活度、可行性和生命力，体现了海纳百川、有容乃大的中国智慧。实践反复证明，这一伟大构想是实现国家完全统一的最佳方案，是保持港澳长期繁荣稳定、实现两岸和平统一的必然选择。

一 全体中华儿女的共同愿望

"你可知'妈港'不是我的真名姓？我离开你的襁褓太久了，母亲！但是他们掳去的是我的肉体，你依然保管着我内心的灵魂……"这是《七子之歌·澳门》的感人诗句。1925 年 3 月，闻一多在美国留学期间创作了包括这首诗在内的组诗，将澳门、香港、台湾、威海卫、广州湾、九龙、旅大（旅顺和大连）7 个被列强侵占的地方，比作被迫远离母亲怀抱的 7 个孩子，用哭诉的口吻表达他们离开襁褓饱受欺凌、渴望重回母亲怀抱的强烈情感和愿望。

爱国民主人士闻一多

近代以来，中国经历了长达百余年的国破山河碎、同胞遭蹂躏的悲惨历史，所有中华儿女对此刻骨铭心。历经千辛万苦、付出巨大代价，中华儿女终于在中国共产党的正确领导下，建立了新中国，实现了祖国大陆的完全统一，确立了社会主义制度，开启了建设自己国家的伟大征程。

　　1949 年新中国成立时，由于种种历史原因，香港、澳门、台湾与祖国还处于分离状态，统一大业尚未完成。港澳台同胞与祖国人民骨肉相连、血浓于水。让三地回归祖国怀抱，维护国家主权和领土完整，进而实现中华民族伟大复兴，已经深深熔铸进了中华民族的历史意识，成为全体中国人民坚如磐石的

🔍 知识链接 ◄

《告台湾同胞书》

　　第一次：1950 年 2 月 28 日，由民主党派台湾民主自治同盟发表，提出要完成解放台湾的任务。

　　第二次：1958 年 10 月 6 日，由毛泽东同志撰写，以时任国防部部长彭德怀同志的名义发表，全称为《中华人民共和国国防部告台湾同胞书》，要求台湾共同对付以美国为首的帝国主义。

　　第三次：1958 年 10 月 25 日，即《中华人民共和国国防部再告台湾同胞书》，向台湾提出要求团结一致，与美国一起是没有出路的，应团结一致对外。

　　第四次：1958 年 11 月 1 日，即《中华人民共和国国防部三告台湾同胞书》。

　　第五次：1979 年 1 月 1 日，由全国人大常委会发表，向台湾提出，统一中国为大势所趋、人心所向，应尽快结束分裂局面，统一中国。这次《告台湾同胞书》最为著名，提出了和平统一大政方针，标志着新时期对台方针政策的重大转变。

共同追求。为了实现这个目标，我们付出了各种努力。

当时，由于西方国家的不良企图，解决港澳台问题受到干扰破坏。针对这种严峻形势，我们通过各种渠道和方式，进行了果断斗争和积极工作。比如在台湾问题上，我们通过"炮击金门"，打掉了国际反华势力搞"划峡而治""两个中国"的图谋；比如在港澳问题上，1972 年 11 月，我国重返联合国不久，就推动联合国通过决议，把香港、澳门从殖民地名单中删除，从国际法上确认了中国对香港、澳门的主权，避免了港澳问题的国际化，从而排除了外国插手港澳问题的可能性。

祖国的赤诚相待和无私帮助，赢得了港澳台的广泛民意认同。我们着眼全民族利益，释放出最大诚意，提出"和为贵""爱国一家、爱国不分先后"的方针政策，提出和平解决台湾问题的主张，连续发表多份《告台湾同胞书》，争取岛内民众的理解和支持；我们全力保障香港、澳门所需物资和淡水供应。那时，内地的经济也十分困难，周恩来同志说："各地凡是有可能，对港澳供应都要负担一些，不能后退。"从 1962 年起，内地除了大年初一之外，每天向港澳开出三趟特快列车，即使在"文化大革

历史瞬间

三趟快车向香港运送生猪

命"期间也未间断。据不完全统计，三趟快车运往港澳地区的鲜活商品曾在香港市场占据举足轻重的地位，猪牛羊鸡鸭鹅等活畜禽几乎占到 100%，港澳同胞把三趟快车称为"生命线"。

这一时期，我们作出了种种努力，让港澳台同祖国人心更紧了、联系更多了，为祖国统一提供了有利的政治条件和民意基础；我们探索了解决台湾问题的各种方式，为和平统一方针政策的形成创造了条件。但由于国内外环境的影响，统一的时机尚未成熟，港澳台没有回到祖国怀抱。

二 前无古人的伟大构想

1997 年 7 月 1 日，香港维多利亚港湾会展中心，在中英两国政府香港交接仪式上，米字旗和港督旗缓缓降落后，五星红旗和紫荆花区旗徐徐升起。两年后，1999 年 12 月 20 日，澳门回归祖国交接仪式在澳门文化中心举行。一晃二十载，回

历史瞬间

香港回归祖国

澳门回归祖国

想起那历史性的时刻，我们至今还心潮澎湃，为实现中华民族百年夙愿感到无比自豪，被"一国两制"伟大构想的智慧和威力深深折服。

这一伟大构想是从我国实际出发，尊重历史，尊重现实，经过深思熟虑提出的创造性科学构想。1978年11月，邓小平同志在会见缅甸总统吴奈温时说："在解决台湾问题时，我们会尊重台湾的现实。比如，台湾的某些制度可以不动……那边的生活方式可以不动。"可见，当时他关于"一国两制"的构想已初具雏形。1982年1月，邓小平同志在会见美国华人协会主席李耀滋时，第一次正式提出"一个国家，两种制度"的构想，并且明确指出，不仅是台湾问题，港澳问题也同样适用。后来，他在多个场合对这一构想作了全面深入的阐释，使之成为一个系统性的科学方案。

"一国两制"，简单地说，就是在一个中国的前提下，国家主体实行社会主义制度，香港、澳门、台湾实行资本主义

♥ 网友感言 ◄

▶ "一国两制"一国是本、两制是要，离开了一国，两制就成了无本之木、无源之水。

▶ 香港回归20多年，紫荆花开得越来越绚烂，东方之珠越来越夺目。

▶ 澳门"沧海"变"桑田"，"弹丸之地"变"盛世莲花"，实现了从文艺小城到世界旅游城市的华丽转身。

▶ 两岸是骨肉相连的亲兄弟，是手足情深的一家人。亲人间没有化不开的隔阂，没有解不开的心结。

制度。这是一项前无古人的伟大创举，在以往人类政治实践中还从未有过。按照"一国两制"伟大构想，香港、澳门实现了和平回归，改变了历史上但凡收复失地都要大动干戈的所谓定势。这是中国为

历史瞬间

邓小平同志与撒切尔夫人会谈

国际社会解决类似问题提供的一个新思路新方案，是中华民族为世界和平与发展作出的新贡献。那么，这一伟大构想究竟好在哪里呢？

原则性和灵活性相统一。世界上只有一个中国，香港、澳门、台湾都是中国不可分离的一部分，中华人民共和国中央人民政府是代表全中国的唯一合法政府。这是基础和底线，在这个前提下，什么问题都有可谈可议的空间，离开这一前提，什么问题都别谈。对于这一点，有一个比方说得非常形象，即香港回归后，"马照跑、股照炒、舞照跳"。

现实性和长远性相统一。古人云，欲速则不达。解决任何问题都要考虑当时当地的现实条件，否则就会事与愿违。港澳台有其非常具体的经济、政治、文化等方面的现实状况，这一构想充分尊重三地历史文化，照顾到了当地同胞的利益和心理，具有最大限度的可接受度和适应性。随着时间的推移，港

澳台同祖国交流交融越来越频繁充分，共识也会越来越多。

一致性和差异性相统一。中华民族同根同脉，具有共同的历史文化传统，也具有共同的整体利益。实现祖国统一，符合包括港澳台同胞在内的所有中华儿女的一致利益。但一致并不等于整齐划一，更不是"我吃掉你，你吃掉我"，而是求同存异、并行不悖，最终统一于中华民族的根本利益之中。

香港、澳门回归以来的成功实践，用无可辩驳的事实充分证明，"一国两制"是实现国家统一的最佳选择，是完全行得通、办得到、得人心的，具有强大生命力。

三　保持港澳长期繁荣稳定

浩荡春风起，珠江涌新潮。2019年2月18日，中共中央、国务院发布《粤港澳大湾区发展规划纲要》。这一消息犹如一

🎤 权威声音 ◀

中央对港澳发展前景充满信心

张晓明（国务院港澳办主任）：2019年政府工作报告指出，"我们坚信，香港、澳门一定能与祖国内地同发展共进步、一定能保持长期繁荣稳定"。这表明了中央政府对港澳发展前景的信心。这种信心来源于国家发展的良好大势，来源于中国共产党领导的政治和制度优势，来源于"一国两制"方针的正确性，来源于香港、澳门同胞管理港澳的智慧和能力。

🔍 **知识链接**

"沪港通"和"深港通"

  "沪港通"，是沪港股票市场交易互联互通机制的简称，指的是上海证券交易所与香港联合交易所允许两地投资者通过当地证券公司（或经纪商）买卖规定范围内的对方交易所上市的股票，2014年11月17日开始实施。同理，"深港通"是深港股票市场交易互联互通机制的简称，2016年12月5日开始实施。

股和煦的春风，吹遍珠江两岸，给香港、澳门繁荣发展带来了新的无限活力和勃勃生机。

  回归以来，香港、澳门与祖国内地同呼吸、共命运，克难关、促发展。我们战胜了亚洲金融危机、非典疫情等重大风险挑战，出台了内地居民港澳自由行、在香港建立人民币离岸市场、开通"沪港通""深港通""债券通"、促进澳门经济适度多元发展等重大利好政策，完成了深港西部通道、广深港高铁、港珠澳大桥等重大项目，推动港澳各项事业取得长足进步。面向未来，保持香港、澳门长期繁荣稳定，迎来更加美好的明天，是800多万港澳同胞的最大福祉，也是祖国人民的衷

123 数说中国 ◀

回归后香港、澳门经济发展主要指标

◉ 1997 年至 2017 年，香港本地生产总值从 1.37 万亿港元增长到 2.66 万亿港元，港股市值由 3.2 万亿港元增长到 27.9 万亿港元，港交所上市公司由 619 家增长到 2020 家，主要经济指标同期增长速度在发达经济体中位居前列，国际金融、航运、贸易中心地位进一步巩固。

◉ 1999 年至 2017 年，澳门本地生产总值从 518.72 亿澳门元增长到 4042 亿澳门元，入境游客由不足 800 万人次增加到 3260 多万人次，旅游、会展、餐饮、酒店及零售业欣欣向荣，实现跨越式发展。

心期盼。

政治把准方向。"一国两制"是港澳发展行稳致远的"方向盘"，无论遇到什么样的困难和挑战，都必须坚定不移把握好，确保港澳始终沿着正确的方向前进。"一国两制"首先是"一国"，这是根本。我国是单一制国家，中央对包括香港、澳门特别行政区在内的所有地方行政区域拥有全面管治权。香港、澳门两个特别行政区的高度自治权不是固有的，而是来源于中央授权。高度自治不是完全自治，中央对高度自治权的行使具有监督的权力，绝不允许以"高度自治"为名对抗中央的权力。在此基础上，全面准确贯彻"一国两制"、"港人治港"、"澳人治澳"、高度自治的方针，严格依照宪法和基本法办事。

总之,坚守"一国"之本、善用"两制"之利,是推动港澳长远繁荣发展的根本保证。

经济增添动力。香港、澳门只有找准在国家大棋局中的定位,才能下活自己的"发展棋"。充分发挥港澳背靠祖国、面向世界的独特优势,以粤港澳大湾区建设、共建"一带一路"等为重点,拓宽港澳与内地合作发展的渠道,共同打造富有活力和国际竞争力的世界级城市群。同时,多创造条件让港澳同胞来内地发展,在祖国的广阔舞台上大显身手,创造更加美好的生活。

精神凝聚共识。由香港歌手演唱的《我的中国心》《中国人》,唱响香江之畔,唱遍大江南北,唱出了港澳同胞拳拳爱国心。港澳同胞都是伟大祖国的一分子,必须始终与国家同心同德、同向同行。在实现中国梦的征途上,必须发展壮大爱国爱港爱澳力量,尤其要在港澳青年心中深植国家意识和爱国精神,让港澳同胞与祖国人民共担民族复兴的历史责任、共享祖国繁荣富强的伟大荣光。

游客在香港金紫荆广场留影　　　　游客在澳门大三巴牌坊留影

四 两岸统一是历史大势

台湾诗人余光中一首《乡愁》，激起了多少游子对家乡无限眷念和归依，触动了千千万万人深埋于心最柔软的情愫。

余光中

1972年，他在诗歌的第四段中这样写道，"而现在，乡愁是一湾浅浅的海峡，我在这头，大陆在那头"，道出了诗人20多年没有回过大陆的忧伤和无奈。2011年，他在故乡福建泉州有感而发，为《乡愁》续写了第五段，"而未来，乡愁是一道长长的桥梁，你来这头，我去那头"，生动展现了大陆和台湾密切交流、频繁往来的景象，以此表达诗人对实现两岸统一的信心和期待。

海水悠悠、情思绵绵，台湾和大陆已经分隔70年，但冲破对峙隔阂、推动交流合作的努力从未停止。从发表《告台湾同胞书》到形成坚持"一国两制"和推进祖国统一基本方略，从达成"九二共识"到实现两岸领导人历史性会晤，从打破两岸隔绝状态到实现全面直接双向"三通"，从把台湾当局逐出联合国到坚决挫败各种"台独"图谋……两岸关系不断取得历史性突破。

站在新的历史起点上审视两岸关系，如立高山之巅望大

? 问与答

问：什么是"三通"？

答："三通"，是指海峡两岸直接通邮、通商、通航，最早于 1979 年元旦全国人大常委会发表的《告台湾同胞书》中提出，称海峡两岸应"尽快实现通航、通邮"，相互之间应当发展贸易，互通有无，进行经济交流。1981 年 9 月 30 日，全国人大常委会委员长叶剑英向新华社记者发表谈话，提出"我们建议双方共同为通邮、通商、通航……提供方便，达成有关协议"。为实现"三通"，祖国大陆作了不懈努力。2008 年 12 月 15 日，两岸通航、通邮全面启动。2009 年 6 月 30 日，台湾方面开放大陆赴台投资。同年 8 月 31 日，两岸定期航班开通。两岸"三通"终于实现。

江东去，历史潮流浩浩荡荡，祖国统一势不可挡。习近平总书记在全国人大常委会《告台湾同胞书》发表 40 周年纪念会上的重要讲话中，深入阐释了我们立足新时代、推进祖国和平统一的重大政策主张，集中展示了解决台湾问题的政治智慧和历史担当。从习近平总书记掷地有声、铿锵有力的话语中，我们深深感到，民族复兴、国家统一是大势所趋、大义所在、民心所向。

和平统一系于民族复兴。两岸迄今尚未完全统一是历史留给中华民族的创伤，"台湾问题因民族弱乱而产生，必将随着民族复兴而终结"。随着中华民族伟大复兴脚步的不断前进，必将创造更加充分的经济、政治、文化等各方面条件，累积起

特别关注

中华人民共和国台湾居民居住证

台湾居民居住证是为满足台湾地区居民在大陆工作、学习、生活、出行便利的需要，保障台湾居民合法权益而开放申请的居住证。2018年8月6日，国务院办公厅印发《港澳台居民居住证申领发放办法》，并于2018年9月1日正式实施。

实现祖国统一的磅礴力量。民族复兴路上，台湾同胞定然不会缺席，与大陆同胞共担民族大义，勠力同心共圆中华民族伟大复兴的中国梦。

和平统一成于融合发展。在历史前进的洪流中，大陆和台湾命运与共、利益相连，必须和衷共济、风雨同舟。展望未来，实现统一大业，最为关键的是两岸同胞心灵相通、协商沟通、发展联通。特别是要按照习近平总书记"应通尽通"的要求，促进"四通""三化"，率先实现金门、马祖同福建

问与答

问：什么是"四通""三化"？

答："四通"，指的是两岸经贸合作畅通、基础设施联通、能源资源互通、行业标准共通；"三化"，指的是两岸邻近或条件相当地区基本公共服务均等化、普惠化、便捷化。

特别关注

海协会和海基会

海协会，全称"海峡两岸关系协会"，是1991年12月16日在北京成立的社会团体，以实现祖国和平统一为宗旨，主要受大陆有关方面委托，与台湾方面商谈两岸交往中的有关问题，并签署协议。海基会，全称"海峡交流基金会"，1990年11月21日在台湾成立，是台湾当局授权处理海峡两岸事务的民间团体。20世纪90年代以来，海峡两岸分别授权海协会、海基会进行商谈和对话，推动了两岸经贸和科技文化的交流。图为海协会与海基会签署相关文件。

沿海地区通水、通电、通气、通桥，推动同台湾同胞分享大陆发展机遇，为台湾同胞、台湾企业提供同等待遇，增进台湾同胞的民生福祉。

和平统一立于遏制逆流。习近平总书记用"两个无法改变""两个无法阻挡"向世人坚定表明：台湾回归祖国，犹如江河汇入大海，是不可抗拒的历史潮流。"台独"是历史逆流，在统一历史大势面前，无异于螳臂当车、蚍蜉撼树，最终都会被历史的车轮碾压得粉碎。中国人不打中国人，我们愿意以最大诚意、尽最大努力争取和平统一的前景，但不承诺放弃使用武力，保留采取一切必要措施的选项，针对的是外部势力干涉和极少数"台独"分裂分子及其分裂活动，绝非针对台湾同胞。

历史不能选择，现在可以把握，未来可以开创。七十载过去了，无论有多少芥蒂、多少怨恨、多少割裂，都会在岁月的冲刷中逐渐消散。面向未来，我们有理由相信，互信总能解开心结，交融总能化解隔阂，和平总能战胜争斗，两岸必将共同迎来祖国统一大业的光明前景，迎来中华民族伟大复兴的美好未来。

延伸阅读

1. 习近平：《为实现民族伟大复兴 推进祖国和平统一而共同奋斗——在〈告台湾同胞书〉发表40周年纪念会上的讲话》，《人民日报》2019年1月3日。

2.《粤港澳大湾区发展规划纲要》，人民出版社2019年版。

扫一扫

微视频

9

为世界谋大同

——中国是怎样走近世界舞台中央的？

　　新中国成立不久，毛泽东同志就满怀信心地说，"中国应当对于人类有较大的贡献"。70 年来，从提出和平共处五项原则到走和平发展道路，从倡导建设和谐世界到推动构建人类命运共同体……我国外交理念不断丰富和发展，外交层次和领域逐渐深化和拓展，中国特色大国外交在世界风云际会中彰显新的作为和担当。

　　当今世界正处于深刻而急剧的调整之中，传统强国和新兴市场国家的竞争和博弈更趋激烈，国际力量对比发生了近现代以来最具革命性的变化。随着我国综合国力和国际地位的不断提升，中国前所未有地走近世界舞台中央，在国际上的影响力越来越大，成为推动世界和平发展的参与者、建设者和引领者。

一　历经风雨的中国外交

　　1949年10月2日，新中国成立的第二天，苏联就立即断绝了同国民党政府的外交关系，向中华人民共和国发来建交的照会，正式承认中华人民共和国，决定和新中国建立外交关系并互派大使。半个月后的16日，苏联首任驻华大使罗申在中南海勤政殿，向中央人民政府主席毛泽东同志递交国书。以同苏联建交为开端，新中国拉开了对外交往的大幕。

　　新中国外交开拓

历史瞬间

新中国成立后，苏联首任驻华大使罗申向中华人民共和国中央人民政府主席毛泽东同志递交国书后的合影。

历史瞬间

万隆会议

　　1955 年 4 月 18 日至 24 日，29 个亚非国家和地区的政府代表团在印度尼西亚万隆召开了亚非会议，这是第一次在没有殖民国家参加的情况下讨论亚非人民利益的大型国际会议。周恩来同志率领中国代表团参会，在会上提出了"求同存异"的方针，得到了与会代表的高度认同。万隆会议鼓舞了广大发展中国家争取民族独立和解放，成为中国在亚非地区打开外交局面的历史里程碑。

性突破。新生人民政权诞生之初，坚持"打扫干净屋子再请客"，取消帝国主义在华一切特权，废除帝国主义与旧中国签订的一系列不平等条约，在此基础上与愿遵守和平民主平等等原则的国家建立平等互利的外交关系。由于以美国为首的西方国家对新中国实行孤立和封锁政策，我们奉行独立自主基础上的"一边倒"外交方针，站在以苏联为首的社会主义阵营一边，积极发展同他们的外交关系，先后与 11 个社会主义国家建交。随着我国外交局面逐步打开，一批亚洲民族主义国家向我们伸出友谊之手，成为与我们建交的国家。后来，由于中苏关系发生变化，我们更加注重发展同"两个中间地带"国家的外交关系，许多亚非拉和欧洲国家纷纷与我国建交。20 世纪 70 年代，我国在联合国的合法席位得到恢复，同美国关系逐步破冰，与日本邦交正常化，外交事业迎来了大发展。同时，针对美苏对峙的局面，我们提出"三个世界"的战略思想，结成最广泛的国际统一战线，反对超级大国的霸权主义和战争政

知识链接

两个中间地带

1962 年 1 月，毛泽东同志提出："社会主义阵营算一个方面，美国算另一个方面，除此以外，都算中间地带。"1963 年，毛泽东同志进一步明确"两个中间地带"的含义，其中一个是亚非拉，一个是欧洲。1964 年，他又指出："亚洲、非洲、拉丁美洲是第一个中间地带；欧洲、北美加拿大、大洋洲是第二个中间地带。日本也属于第二个中间地带。"

三个世界

1974 年 2 月 22 日，毛泽东同志在会见赞比亚总统卡翁达时，提出"三个世界"的战略思想。毛泽东同志说："我看美国、苏联是第一世界。中间派，日本、欧洲、澳大利亚、加拿大，是第二世界。咱们是第三世界。""第三世界人口很多"，"亚洲除了日本，都是第三世界。整个非洲都是第三世界，拉丁美洲也是第三世界。"当时的中国，明确地把加强同第三世界的团结与合作作为自己对外政策极其重要的内容，外交关系得到了很大发展。这一战略思想，对中国加强同第三世界国家的团结，加强在世界政治格局中的国际地位，争取第三世界国家共同反霸，发展对外关系，具有重要的指导意义。

🎞 **历史瞬间**

重返联合国

1971 年 10 月 25 日，第 26 届联合国大会通过第 2758 号决议，决定恢复中华人民共和国在联合国的一切权利，承认它的政府的代表为中国在联合国组织的唯一合法代表，并立即把台湾当局代表驱逐出去。图为时任外交部副部长乔冠华（左）参加联合国大会时开怀大笑。

策。到 1979 年年底，同我国建交的国家达 120 个，遍及世界五大洲。

新时期外交全局性推进。顺应和平与发展成为时代主题的历史潮流，我们坚持独立自主的和平外交政策，全方位发展同世界各国的外交关系。积极与主要大国改善和发展关系，正式与美国建交，与苏联关系正常化并平稳过渡到中俄关系，与欧洲关系快速发展；深化同周边国家睦邻友好合作，营造和平稳定、平等互信、合作共赢的地区环境；推进与发展中国家团结合作，为推动世界多极化和国际关系民主化凝聚广泛共识。在这一时期，我们加入世贸组织、推动建立上海合作组织、成立博鳌亚洲论坛等，中国逐渐成为国际体系的重要参与方和建设者，树立起负责任大国的形象。

新时代外交历史性跃升。党的十八大以来，随着中国前所未有地走近世界舞台中央，习近平总书记深刻洞悉历史规律、把握时代大势，围绕新时代外交工作提出了一系列重大理论观点，形成了习近平外交思想。正因为这一思想的"定海神针"作用，中国外交在波谲云诡的国际局势中稳步前行。从推进"一带一路"国际合作到推动构建人类命运共同体，从推动构建新型国际关系到倡导共商共建共享的全球治理观，从发展全球伙伴关系到奉行互利共赢的开放战略，中国外交如鲲鹏展翅，在国际风云激荡中翱翔，尽显大国特色、大国风格、大国气度，为维护世界和平发展奏响中国最强音。

二 百年未有之大变局

一部世界文明史，就是在不断变化中向前推进的历史。过去百年间，人类经历了两次世界大战、两大阵营对峙、局部地区冲突、经济全球化、信息革命等种种大事变，但终未从根本上改变主要由西方国家主导世界的格局。放眼当今世界，国际格局加速演变、力量对比日趋平衡，世界秩序重新洗牌、科技进步一日千里，正酝酿着一场革命性变革，深刻重塑着世界的面貌。

世事纷繁多元应，纵横当有凌云笔。面对当前错综复杂的

二十国集团

二十国集团，又称G20，包括中国、阿根廷、澳大利亚、巴西、加拿大、法国、德国、印度、印度尼西亚、意大利、日本、韩国、墨西哥、沙特阿拉伯、南非、土耳其、英国、美国、俄罗斯以及欧盟，宗旨是为推动已实现工业化的发达国家和新兴市场国家之间就实质性问题进行开放及有建设性的讨论和研究，以寻求合作并促进国际金融稳定和经济持续增长。二十国集团GDP约占全球经济总量的90%，贸易额约占全球的80%，在世界经济中具有举足轻重的作用。图为2016年9月举行的二十国集团领导人杭州峰会新闻发布会。

世界局势，习近平总书记站在人类社会发展的高度，以深邃的历史眼光和宽广的国际视野，对全球大势作出重大判断：世界处于百年未有之大变局。

世界权力消长催生大变局。21世纪以来，以中国为代表的新兴市场国家和发展中国家迅速崛起，经济总量在全球占比接近40%，对全球经济增长的贡献率达到80%，国际力量对比出现"东升西降"的历史性变化。在这一大趋势下，新兴力量在国际舞台上分量越来越重，世界权力几百年来一直在西方几个大国之间轮流"倒手"的局面已不复存在，西方国家主导的国际格局正在发生深刻变化。

全球秩序调整推动大变局。现行国际秩序是第二次世界大战后以美国为首的西方国家主导建立的，虽然存在诸多不合理、不公正的弊端，但对维护世界稳定发展起到了一定的积极作用。2008年国际金融危机以来，美国的国际地位和影响力有所下降，对全球秩序的掌控力不从心，现在的美国政府认为现行国际秩序让他们吃了"大亏"，企图推倒重来、另搞一套，不断"退群""废约"，成为名副其实的国际秩序搅局者。而以中国为代表的新兴市场国家是坚定的国际秩序维护者，主张通过调整和改革，使现有国际秩序和全球治理体系朝着更加公正、合理的方向发展。未来一个时期，"破"与"举"的角力将更趋激烈，给全球秩序的调整带来诸多不确定因素。

大国战略博弈加剧大变局。近代以来，大国是世界历史舞台的主要力量，大国间的竞争和较量往往决定着世界格局和走向。比如，荷兰取代西班牙和葡萄牙成为"海上霸主"、英国打败诸多强国成为"日不落帝国"、第二次世界大战后美国晋升为头号世界强国，都重构了全球势力版图。当今时代，世界多极化深入发展，各主要力量既相互借重又相互制约，竞争面有所上升，深刻影响国际格局发展演变。

科技产业革命孕育大变局。世界历史多次证明，每次大的科技产业革命都对世界格局产生重大影响。近年来，人类社会进入一个创新活跃期，5G、人工智能、大数据、云计算、物联网、量子科技等多种重大颠覆性技术不断涌现，科技成果转化速度明显加快，深刻改变着人类生产和生活方式。这对全球经济结构的调整发挥着重要作用，将给国际格局重塑带来不可估量的影响。

世事纷繁，拎其扼要，百年未有之大变局概貌如此。变局带来变数，变局也蕴藏着机会，这就是今天中国走近世界舞台中央的时代坐标。

三　中国特色大国外交阔步前行

2019 年 3 月，习近平总书记横跨欧亚大陆，飞抵亚平宁半岛、南下西西里、北上法兰西，对意大利、摩纳哥、法国成功访问。六天五夜，三国五城，出席 40 多场双多边活动，话友谊、论责任、谈合作、谋发展……习近平总书记此次欧洲之行，受到了国际社会的广泛关注和高度评价，彰显了中国特色大国外交的魅力和风采。

外交，是国家意志的集中体现，是提升国家形象的重要途径。随着中国综合国力和国际地位的不断提升，我国在国际舞台上的影响力越来越大，外交事业的分量和地位愈加重要。在实现中华民族伟大复兴的新征程中，中国特色大国外交将穿云破雾、纵横寰宇，中国始终做世界和平的建设者、全球发展的

特别关注

上海合作组织

上海合作组织，简称"上合组织"，是中华人民共和国、哈萨克斯坦共和国、吉尔吉斯共和国、俄罗斯联邦、塔吉克斯坦共和国、乌兹别克斯坦共和国于2001年6月15日在中国上海宣布成立的永久性政府间国际组织，后来又吸收印度共和国和巴基斯坦伊斯兰共和国加入，成员国在此进行政治、安全、经贸、投资、互联互通、人文等全方位合作。目前，上合组织已成为幅员最广、人口最多、发展潜力巨大的多边综合性区域组织，为维护地区安全稳定、促进共同发展繁荣作出了重要贡献。图为2018年上合组织青岛峰会灯光艺术表演。

贡献者、国际秩序的维护者，与各国一道共同开辟人类更加繁荣、更加安宁的美好未来。

编织"伙伴网"：建立新型国际关系。从中美领导人多次会晤到中俄关系处于历史最好时期，从亚信上海峰会到上合组织青岛峰会，从中非合作论坛北京峰会到"一带一路"国际合作高峰论坛……党的十八大以来，中国推动与各方关系全面发展，开拓国与国交往的新路，形成了覆盖大国、周边和发展中国家的"朋友圈"。我们将奉行独立自主的和平外交政策，构建总体稳定、均衡发展的大国关系框架，推动周边环境更加友好、更加有利，加强同广大发展中国家的团结合作，构建全方位、多层次和立体化的全球伙伴关系网络。

谱写"新篇章"：推动全球治理体系变革。全球事务由各国人民商量着办。当前，全球热点问题此起彼伏、持续不断，气候变化、网络安全、难民危机等非传统安全威胁持续蔓延，保护主义、单边主义抬头，全球治理体系和多边机制受到冲击。中国将始终秉持共商共建共享的全球治理观，高举多边主义旗帜，维护联合国权威和作用，充分发挥世界贸易组织、国际货币基金组织、世界银行、二十国集团、亚太经合组织、金砖国家、世界经济论坛等全球和区域多边平台的建设性作用，为破解"全球治理赤字"提供中国智慧和中国方案。

唱响"合奏曲"：促进"一带一路"国际合作。6年前，习近平总书记发出共建"一带

❤〰️ 网友感言

- ▶ 中国与世界相连，中国梦与世界梦相通，中华民族的伟大复兴与世界的和平进步命运与共。

- ▶ "一带一路"犹如一根丝带，串起了沿线国家散落的珍珠，为世界的繁荣发展增光添彩。

- ▶ 历史上，我们曾是"丝路"人；现如今，我们都是"带路"者。

- ▶ 中国越强大，世界越受益。中国富，才能推动世界更繁荣；中国好，才能促进世界更美好。

一路"倡议，旨在打造一个政治互信、经济融合、文化包容的合作平台。6年来，"一带一路"从"大写意"到"工笔画"，从愿景变为现实，推动了一大批项目落地生根，已经成为一条造福共建国家的开放与繁荣之路。截至2019年4月30日，全球已有131个国家、30个国际组织与中方签署了共建"一带一路"合作文件。面向未来，我们将乘势而上、顺势而为，抓住关键性重大项目，以点带线、以线带面，进一步走深走实、落地生根，努力实现政策沟通、设施联通、贸易畅通、资金融通、民心相通，推动"一带一路"建设取得更大实质性进展。

高举"发展旗"：积极参与全球可持续发展进程。中国是全球落实千年发展目标最好的发展中国家之一，也在落实2030年可持续发展议程进程中实现了多个领域的早期收获，得到国际社会高度评价。中国积极参与全球发展合作，在力所能及范围内向其他发展中国家提供了大量支持与帮助，累计向近170个国家和国际组织提供了4000多亿元人民币援助，派遣60多万援助人员，在增进近14亿中国人福祉的同时，也为全人类共同发展繁荣作出了巨大贡献，彰显了中国负责任、讲道义、有担当的大国形象。

共筑"大家庭"：推动构建人类命运共同体。建设一个持久和平、普遍安全、共同繁荣、开放包容、清洁美丽的幸福家园，是中国为世界描绘的一个美好未来。虽然现在世界存在一些不和谐因素，有隔阂分歧，有提防猜忌，有摩擦争端，甚至还诉诸武力、兵戎相见，但不能因现实复杂而放弃梦想，不能因理想遥远而放弃追求。我们将同各国人民一道，彼此相依、携手并进，共同创造人类的美好未来。

四　中国会走"国强必霸"之路吗

这些年来，随着中国快速发展，国际上有些人开始担心，也有一些人总是戴着有色眼镜看中国，认为中国发展起来了会走"国强必霸"的路子，把中国描绘成一个可怕的"墨菲斯托"，似乎哪一天中国就要摄取世界的灵魂。实际上，这种想法是一种彻头彻尾的歪曲和偏见。

崇尚和平是中华民族的固有基因。协和万邦、四海一家等理念在中国代代相传，深深植根于中国人的精神中，深深体现在中国人的行为上。中国的先人早就知道"国虽大，好战必亡"的道理。自古以来，中华民族积极开展对外交往通商，而不是对外侵略扩张。比如，600多年前郑和率领当时世界上最

知识链接

墨菲斯托

"墨菲斯托"，是西方社会中让人谈之色变的魔鬼形象。在古希伯来文中，"墨菲斯托"是"破坏者"和"骗子"的意思。后来，经过不断的演绎，"墨菲斯托"成了专门摄取人类灵魂恶魔的代名词。

郑和下西洋

强大的船队，7次远航太平洋和西印度洋，到访了30多个国家和地区，带去的不是火与剑，而是播撒和平友谊的种子，留下了友好交往、文明传播的佳话。

珍爱和平是近代以来历经苦难的中国人民得到的宝贵启示。中国近代史，是一部充满灾难、落后挨打的悲惨屈辱史，也是一部中华民族抵抗外来侵略、实现民族独立的伟大斗争史。我们既遭到过英法列强的欺辱，也受到过八国联军的蹂躏，还经受过日本帝国主义铁蹄的践踏，饱受了外国侵略带来的痛苦和摧残，是中华民族历史上无法抹去的创伤和记忆。"己所不欲，勿施于人。"中国人民不愿意再看到战争，更不会将自己曾经遭受过的悲惨经历强加给其他民族。

中国不认同"国强必霸"的陈旧逻辑。不可否认，过去很多大国的崛起往往都伴随着对他国的侵略，这似乎是一条绕不开的"铁律"。但时代不同了，"青山遮不住，毕竟东流去"，和平与发展的时代潮流不可阻挡，谁再走殖民主义、霸权主义的老路，不仅走不通，而且一定会碰得头破血流。只有走和平发展道路，才能顺应世界发展大势，实现自身的繁荣发展。

200年前，拿破仑说过，中国是一头沉睡的狮子，当这头睡狮醒来时，世界都会为之发抖。今天，中国这头狮子已经醒了，但这是一只和平的、可亲的、文明的狮子。日益走近世界舞台中央的东方古国，正以和平的姿态屹立于世界民族之林，将为创造一个更加美好的大同世界作出更大的中国贡献。

延伸阅读 ◄

1. 习近平：《为建设更加美好的地球家园贡献智慧和力量——在中法全球治理论坛闭幕式上的讲话》，《人民日报》2019 年 3 月 27 日。

2. 习近平：《齐心开创共建"一带一路"美好未来——在第二届"一带一路"国际合作高峰论坛开幕式上的主旨演讲》，《人民日报》2019 年 4 月 27 日。

3. 习近平：《文明交流互鉴是推动人类文明进步和世界和平发展的重要动力》，《求是》2019 年第 9 期。

扫一扫

微视频

10

鞋子合不合脚穿着才知道

——中国道路为什么好？

　　敢问路在何方？走什么样的路，决定着一个国家、一个民族的前途命运。100多年前，无数仁人志士为了救亡图存、振兴中华，远赴欧美"西天取经"，东渡日本寻求救国道路，演绎了一曲曲可歌可泣的悲壮之歌。百年流逝，世事变迁。今日中国正成为世界瞩目的焦点，中国道路、中国奇迹、中国经验引发越来越多人的兴趣和关注，许多国家纷纷向中国寻求发展之道。

"喜看今日路，胜读百年书。"当代中国，正阔步走在中国特色社会主义道路上。这条道路不是从天上掉下来的，是党带领人民走出来、干出来的。实践已经证明并将继续证明，这条道路适合中国国情、符合中国特点、顺应时代发展要求，是一条走得对、行得通的强国之路。面向未来，我们要有"乱云飞渡仍从容"的战略定力，始终保持道路自信、理论自信、制度自信、文化自信，坚定不移沿着中国特色社会主义道路胜利前行。

一 中国道路来之不易

道路千万条，管用第一条。只有结合自身实际开创出一条最合适的道路，才能越走越畅通、越走越宽广，否则就会画虎不成反类犬、误入歧途。从鸦片战争到新中国成立百余年间，中国人民围绕"走什么路"进行了不懈探索，在中国共产党的领导下，最终找到了一条具有中国特色的革命道路，实现了民族独立、人民解放，开启了中华民族伟大复兴的历史新纪元。

新中国成立之初，如何在中国这样一个经济文化比较落后的东方大国建设社会主义，成为摆在我们党面前的一个全新课题。刚开始，我们只能以苏为师，照搬照抄苏联经验，但很快就意识到"苏联模式"的局限性，提出要"以苏为鉴"，独立自主探索适合中国国情的社会主义建设道路。在这一过程中，虽然我们也走过弯路，但取得的理论成果和实践成就，为开创中国特色社会主义奠定了前提和基础。

党的十一届三中全会后，我们党果断把工作中心转移到经济建设上来，作出改革开放的伟大决策，坚持走自己的路，开创和发展中国特色社会主义。40多年来，中国特色社会主义焕发出蓬勃的生机活力，即使在世界社会主义运动陷入低潮的严峻形势下，我们也顶住了冲击，牢牢把中国特色社会主义旗帜举稳了、举高了，使中华民族伟大复兴迎来了前所未有的光明前景，使科学社会主义展现出旺盛的生命力。

只有回看走过的路、比较别人的路、远眺前行的路，弄清楚我们从哪儿来、往哪儿去，很多问题才能看得深、把得准。从170多年中国近现代史、90多年中国共产党史、70年新中国史的历史纵深中，深刻理解和把握中国特色社会主义道路，我们可

网友感言

> 中国奇迹像一块磁铁，吸引着世界的目光；中国智慧像一座宝藏，等待着人们去挖掘。

> 中国震撼，不仅在于一个东方大国的腾飞，更在于一条全新发展道路的开创。

> 历史大戏总是从序幕开始，但序幕还不是高潮。新中国上演了让人拍案叫绝的精彩剧目，但更让人期待的好戏还在后头。

> 世界正处在十字路口，各国面临何去何从的战略选择。有的在"路口"徘徊，有的在"路上"踯躅，中国道路为解决"人类向何处去"的时代之问提供了一个选项。

以得出这样的结论。

这条道路是在艰辛实践中探索出来的。为了找到一条合适的道路，中华民族经历的艰辛之重、遭受的苦难之深、付出的代价之大，在世界历史上都是罕见的。近代以后，无数先进中国人救亡图存的努力一次次碰壁、一次次失败，他们只能满腔悲愤、仰天长叹。革命年代，为了争取民族独立和人民解放，中国人民付出的巨大牺牲是难以想象的。据不完全统计，1921年至1949年，党领导的革命队伍中，有名可查的烈士就达370多万名。建设时期，由于没有现成的经验可循，我们也经历过曲折，甚至犯过"文化大革命"的错误，给党和国家事业发展造成严重损失。"人间正道是沧桑。"可以说，中国特色社会主义道路是中国人民用鲜血和生命、智慧和汗水换来的，是在中华大地铸就的一条苦难辉煌之路。

这条道路是在反复比较中选择出来的。一个国家走什么样的道路，关键要看这条道路能否解决这个国家面临的历史性课题。在中华民族积贫积弱、任人宰割的时期，各种主义和思潮都进行过尝试，资本主义道路没有走通，改良主义、自由主义、社会达尔文主义、无政府主义、实用主义、民粹主义、工团主义等也都"你方唱罢我登场"，但都没能解决中国的前途和命运问题。直到马克思主义传入中国，直到中国共产党登上历史舞台，中国人民才走出了漫漫长夜、建立了新中国，从而走上了中国特色社会主义道路，使中国快速发展起来。没有对比就难分优劣。过去 100 多年，正因为我们都反复比过了、试过了，才深深感到，中国道路走得通、走得对、走得好，只有这条道路才能发展中国、富强中国。

这条道路是在深厚历史中孕育出来的。江河万里总有源，树高千尺也有根。只有拉长历史视野来考察中国特色社会主义，才能充分认识这条道路的必然性和科学性。从中华民族发展史看，中国特色社会主义道路是从 5000 多年悠久文明的传承中走出来的，具有深厚的历史文化传统；从世界社会主义发展史看，中国特色社会主义道路是从 500 年社会主义演进而来的，传承了科学社会主义的思想真谛，并结合中国实际和时代特征写出了新篇章。历史是一条奔腾不息的长河，具有厚重历史底蕴的中国特色社会主义道路是顺应时代潮流、推动中国繁荣发展的唯一正确道路。

二 中国道路是一条什么路

近年来，随着我国综合国力和国际地位上升，国际上关于"北京共识""中国模式""中国道路"等议论和研究也多了起来，其中不乏赞扬的声音。但也有些人提出质疑，把中国道路曲解为"资本社会主义"，还有人干脆说是"国家资本主义""新官僚资本主义"。这些都是完全错误的。中国道路不是其他什么道路，是中国人民在自己的奋斗实践中创造的中国特色社会主义道路。

那么，中国特色社会主义道路究竟是一条什么样的道路呢？

这条道路以实践为基石。实践是人类社会的基础，实践活动是社会发展的动力之源。离开了实践，中国道路就成为镜花水月、无源之水。在长期努力中，中国道路在实践中接力探索、逐渐完善、不断拓展。无论是对党的领导这一本质特征的深刻揭示还是坚持"一个中心、两个基本点"基本路线不动摇，无论是"五位一体"总体布局的形成还是奋斗目标的清晰明确，等等，都是扎根中

"中共十九大：中国发展和世界意义"国际智库研讨会

外国政要参观中央有关单位

境外媒体采访中国学者

国大地的实践成果，是中国道路丰富内涵的具体体现，也是这条道路越走越宽广的不竭源泉。

这条道路以理论为指引。理论犹如光芒万丈的红日，照亮了国家和民族前行的康庄大道。在我国革命、建设和改革的各

个时期，我们既有凯歌行进，也经历过挫折和迷茫。无论顺境还是逆境，无论高峰还是低谷，马克思主义总能帮助我们擦亮眼睛，指引中国道路穿破历史迷雾，不断胜利前进。中国道路之所以区别于其他道路，就在于它依靠理论指引方向、揭示规律、统一行动，确保始终沿着正确方向不偏航。

这条道路以制度为保证。"凡将立国，制度不可不察也"，说的是制度对于国家治理和发展的重要意义。只有具备完备制度且依制度运行的道路，才是一条持续、规范、稳定的道路。70 年来，我们不断推进社会主义制度自我完善和发展，在经济、政治、文化、社会、生态文明及党的建设等各个领域形成

老外看中国

国际人士高度评价中国道路

◉ **赫尔穆特·施密特**（德国前总理）：中国的持续成功发展不仅解决了中国问题，也为西方走出困境提供着启示。

◉ **哈米德·卡尔扎伊**（阿富汗前总统）：如果阿富汗有机会重新选择的话，一定会走中国式的发展道路。因为它行动高效，决策果断，以结果为导向。

◉ **艾哈迈德·沙阿班**（埃及著名政治活动人士）：近年来，中国的成功经验深深吸引和鼓舞埃及人民，中国的发展是可以借鉴的成功经验，埃及政界和学界再次掀起"向东看"的热潮。

◉ **弗朗西斯科·西埃拉**（西班牙塞维利亚大学教授）：当前世界的重心正在从大西洋转移到太平洋，中国走出了一条不一样的发展道路，这条道路正在越来越深刻地影响和改变着世界。

了"四梁八柱"的制度体系，为新中国发展进步提供根本保障。我们将进一步推动国家治理体系和治理能力现代化取得重大进展，构建系统完备、科学规范、运行有效的制度体系，使各方面制度更加成熟、更加定型。

这条道路以文化为底蕴。文化是民族的血脉和基因，是滋润国家发展道路的精神养料。它像永不中断的血脉之河，能维系中国道路绵延不绝；它像宽广无边的智慧之海，能为中国道路孕育出无穷的创造和力量。包括中华优秀传统文化、革命文化、社会主义先进文化在内的中国特色社会主义文化，历经风雨的洗礼、艰难困苦的磨砺，在人类文明灿烂星空中放射出最耀眼的光芒。正是有中华文化的滋养，中国道路才最有韧劲、最具内涵、最富力量，展现出勃勃生机和强大生命力。

中国道路的内涵十分丰富，各个维度紧密联系、相互促进。我们把成功的实践上升为理论，又以正确的理论指导新的实践，同时把实践中已见成效的政策举措及时上升为党和国家的制度，还注重发挥文化更基本、更深沉、更持久的作用，从而使中国道路散发出独特魅力，成为推动人类文明进步的中国方案。

三　中国道路好在哪里

2019 年 3 月 20 日，习近平总书记对意大利进行国事访问

《习近平谈治国理政》中意读者会现场

前夕，《习近平谈治国理政》中意读者会在罗马隆重举行，吸引数百名中外嘉宾热情参与。截至目前，该书被翻译成 20 多个语种，发行到全球 100 多个国家和地区，发行量突破 2000 万册，成为国际社会解码中国道路的一扇"思想之窗"。

道路以其独特而魅力四射，因其管用而活力无限。中国道路之所以能够解决中国问题，之所以备受他国关注和青睐，就在于其蕴藏着无穷的智慧和奥妙。那么，这条路到底好在哪里？

好就好在民主和集中的统一。民主能够集思广益，集中可以统一意志，中国道路强调两者的有机融合，就是要形成团结一致、生动活泼的良好局面。一方面，充分发扬民主，使人民的意愿和要求得到充分表达和反映，最大限度调动全社会的积极性和创造性；另一方面，发挥党总揽全局、协调各方的领导核心作用，有效整合全社会资源，形成全国一盘棋，集中力量办大事。在新中国历史上，"两弹一星"、青藏铁路、三峡工程、南水北调、港珠澳大桥……都是这一独特优势的充分彰显。

好就好在目标和路径的统一。毛泽东同志曾形象地说：

"我们的任务是过河，但是没有桥或没有船就不能过。"中国道路既指明我们为之奋斗的目标，又提出实现这些目标的"路线图"和"任务书"；既指方向，又给路子。比如，党的十九大为未来30多年制定了长远的战略目标，在此基础上，又对短期发展作出具体部署，从而保证"一张蓝图绘到底"，一以贯之、一步一个台阶地向目标迈进。

好就好在继承和创新的统一。道路一头连接着过去，一头连接着未来。没有继承的路，就像无根的浮萍随波漂荡，迷失方向；没有创新的路，就会墨守成规陷入僵化，前途暗淡。中国道路是科学社会主义理论逻辑和中国社会发展历史逻辑的辩证统一，具有深厚的历史渊源和广泛的现实基础。它既坚持科学社会主义基本原则，萃取中国历史传统的精华，使我们的根脉得以延续，又根据时代和实践的发展，不断进行改革创新，

🎤 **权威声音** ◄

中国道路是对西方模式的超越

张维为（复旦大学中国研究院院长）：随着中国跃升为世界第二大经济体、日益走近世界舞台中央，中国道路引起国际社会越来越广泛的关注。很多国际人士将中国道路与西方模式对比，认为中国道路是对西方模式的超越，特别是对西方民主模式和新自由主义经济模式的超越；它不仅带来了中国的和平发展，也将鼓舞越来越多的国家独立探索自己的发展之路，从而深刻影响国际秩序的未来走向。

以新的内涵焕发强大生机活力。

好就好在民族和世界的统一。在人类发展史上，凡是优秀的文明成果，都为整个世界文明进步作出过独特贡献，也是借鉴其他文明发展的结果。中国道路是传承中国历史文化传统、立足中国独特国情、着眼解决中国问题而内生出来的道路。同时，中国以开放的姿态拥抱世界，不仅是中国之中国，而且是亚洲之中国、世界之中国。中国道路是在学习借鉴其他优秀文明成果基础上发展起来的，为人类文明宝库增添了又一个绮丽的瑰宝。

四 坚定"四个自信"

曾几何时，出国留学一度成为人们追求的时尚和风潮，如果谁家的孩子到国外读书，拿到"绿卡"在国外生活，就会让人羡慕不已，觉得他前途一片光明。而如今，归国就业成为越来越多中国海外学子的热门选择。党的十八大以来出现了新中

归国留学生踊跃参加人才招聘会

国 70 年来最大的"归国潮"，归国人数占到 1978 年以来回国总人数的七成多。是什么力量让热潮往相反的方向发展？"良禽择木而栖。"说到底，就是人们看好中国的发展前景，对中国道路充满自信和向往。

自信，就是对自身或自我发展的信心和认同，从而自觉地坚守和捍卫。党的十八大以来，习近平总书记在多个场合反复强调，要坚定中国特色社会主义道路自信、理论自信、制度自信、文化自信，做到"千磨万击还坚劲，任尔东西南北风"。

保持政治定力。找到一条正确的道路不容易，重要的是认定了，就毫不动摇地走下去。现在有些人议论这个道路、那个道路，有的想拉回到老路上，有的想引到邪路上去；有的是思想认识误区，有的是别有用心。自信在顺境中易、逆

🎤 **权威声音**

道路自信是客观和清醒的自我认识

陈晋（中央党史和文献研究院研究员、原中央文献研究室副主任）：长期以来，我们在中国特色社会主义道路上不断探索和前进，对这条道路的内涵和价值理解得越来越深入，同时对这条道路的未来发展也越来越自觉和自信。首先，道路自信来自历史和人民的选择；其次，道路自信来自道路前伸的内生动力；最后，道路自信来自当代中国的成功实践。在涉及国家前途的道路问题上，在业已证明成功的情况下，来不得半点庸俗的谦虚和无谓的自卑。

境中难，如何在逆境中坚持坚守，是一个重大考验。坚定"四个自信"，就是不为任何干扰所惑，不为任何杂音所扰，坚决反对一切削弱、歪曲党的领导和我国社会主义制度的言行，敢于同否定中国特色社会主义道路的错误言行作斗争，既不走封闭僵化的老路，也不走改旗易帜的邪路，坚定不移走中国道路这条人间正道。

坚定理想信念。革命理想高于天。没有崇高的理想信念，就没有深层的精神支撑，在风雨面前就会迷失方向和目标，摇摇摆摆、东倒西歪，最终误入歧途。对马克思主义的信仰，对社会主义和共产主义的信念，是共产党人的政治灵魂，是我们坚定"四个自信"的精神之"钙"。当前最重要的就是，要把学习领会习近平新时代中国特色社会主义思想作为坚定理想信念的首要政治任务，真学真懂真信真用，把学习成效转化为对中国道路的坚定自信。

勇于开拓创新。生命之所以生生不息，就在于它能不断吐故纳新。中国道路也是一样，它的魅力和活力就在于与时俱进、开拓创新。应该说，现在我们对社会主义的认识、对中国特色社会主义规律的把握已经达到了一个前所未有的新高度。但社会主义我们只搞了几十年，认识和把握还是非常有限的，还需要在实践中不断深化和拓展。这就要求我们随着时代、实践和科学的进步，丰富和发展中国特色社会主义，不断开辟中国道路的新境界。

　　道路决定命运，道路改变命运。走自己的路，是中国在饱经沧桑、历经磨难之后的经验总结，也是中华民族面向未来、不断发展的方向指南。我们有理由相信，具有无比广阔舞台、具有无比深厚历史底蕴、具有无比强大前进定力的中国道路，必将越走越宽广，中华民族伟大复兴的中国梦定能早日实现。

延伸阅读

　　1.《习近平在学习贯彻党的十九大精神研讨班开班式上发表重要讲话强调 以时不我待只争朝夕的精神投入工作 开创新时代中国特色社会主义事业新局面》，《人民日报》2018年1月6日。

　　2. 习近平：《关于坚持和发展中国特色社会主义的几个问题》，《求是》2019年第7期。

扫一扫

微视频

11

众星拱月玉宇澈

——中国共产党为什么能?

　　70年前中国共产党"进京赶考"的故事,大家都耳熟能详。为什么毛泽东同志会把前往北平喻为"赶考"?就是担心党内部分同志由于胜利产生骄傲自满、贪图享乐、不求进步的情绪。启程的前夜,他久久不能入睡,站在窗前眺望着夜空,想着我们党决不能重演李自成进北京的历史悲剧。这就有了临行前毛泽东同志和周恩来同志关于"进京赶考"的那一段著名对话。70年来,我们党在"赶考"路上始终牢记政治初心和执政使命,经受住了历史和时代的考验,交出了一份让人民满意的答卷。事实证明,中国共产党无愧于历史、无愧于时代、无愧于人民,是实现中华民族伟大复兴历史使命的合格领导者。

历史瞬间

毛泽东同志与周恩来同志关于"进京赶考"的对话

1949 年 3 月 23 日，党中央从西柏坡启程前往北平时，毛泽东同志兴奋地对周恩来同志说："今天是进京的日子，进京赶考去。"周恩来同志点点头笑道："我们应当都能考试及格，不要退回来。"毛泽东同志凝视着车队将要开往的方向，坚定地说："退回来就失败了。我们决不当李自成，我们都希望考个好成绩。"这段著名的对话，在中国共产党和新中国历史上留下了久久不绝的回响。

　　办好中国的事情关键在党。中国共产党领导，是中国特色社会主义最本质的特征，是总结中国革命、建设和改革历程得出的最根本结论。在实现中华民族伟大复兴的壮阔征程中，只有坚持和加强党的全面领导，推动全面从严治党，增强"四个意识"、坚定"四个自信"、做到"两个维护"，不断增强党的创造力凝聚力战斗力，才能更好汇聚起同心共筑中国梦的磅礴力量，开创中华民族更加美好的未来。

一 党的领导核心地位不是自封的

《没有共产党就没有新中国》这首歌家喻户晓，但其创作的过程还颇有一番来历。1943 年 3 月，蒋介石在其著作《中国之命运》中宣称"没有国民党就没有中国"。同年 8 月，延安《解放日报》发表题为《没有共产党，就没有中国》的社论，对蒋介石的谬论进行批驳。随后，时年 19 岁的中共党员曹火星同志创作了歌曲《没有共产党就没有中国》，迅速在解放区传唱开来。1950 年，毛泽东同志亲自在"中国"前面加了一个"新"

老物件

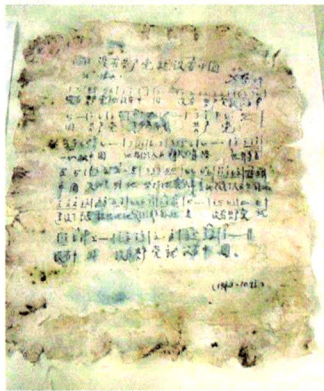

曹火星同志的创作手稿

字，从而更准确地反映出中国共产党的历史功绩。

中国共产党的成立是开天辟地的大事变。在党成立前，中华民族身处"覆屋之下、漏舟之中、薪火之上"，面临亡国灭种的危险。为拯救民族于危亡，无数仁人志士一次次奋起，太平天国运动、洋务运动、维新变法、义和团运动、辛亥革命……虽慷慨激昂，却抱憾而终。中国共产党的成立，犹如划破旧中国沉沉黑暗的闪电，照亮了中国革命前进的道路。中国共产党带领中国人民从沉沦的谷底奋力崛起，经过 28 年艰苦卓绝的斗争，推翻了"三座大山"，完成了新民主主义革命，

历史瞬间

方志敏在狱中挥笔写下《可爱的中国》

《可爱的中国》是1935年方志敏同志在江西南昌国民党反动派监狱里写的一篇著名散文，控诉了帝国主义肆意欺侮中国人民的种种罪行，展望了中国革命的光明前景，描绘了中国的美好未来，表达了中国共产党人对国家和民族的坚定自信和美好期许。图为电影《可爱的中国》剧照。

建立了新中国，从根本上扭转了中华民族的历史命运。70年来，正是在中国共产党的领导下，中国人民才走在国家富强、人民幸福的大道上。

是中国共产党，使中国面貌发生深刻改变。如何在一个经济文化比较落后的东方大国实现现代化，对我们党来说，是一个全新课题。曾经有人断言，共产党只能打天下，不能坐天下。新中国70年的辉煌成就，已有力地驳斥了这一点。正是党带领人民自力更生、艰苦奋斗，闯关夺隘、披荆斩棘，砥砺前行、攻坚克难，才使中国"万丈高楼平地起"，大踏步赶上时代潮流，发生历史性变革、取得历史性成就。历史证明，没有共产党，新中国就不可能在重大关头始终校正发展航向，更

历史瞬间

延安作风打败西安作风

"延安作风打败西安作风",语出毛泽东同志1940年初秋与马列学院邓力群等人的谈话。其中,"延安作风"是指中国共产党的作风,"西安作风"是指国民党的作风。毛泽东同志特别提出:"我们要养成一种新的作风:延安作风。我们要用延安作风打败西安作风。"后来,爱国人士陈嘉庚、黄炎培在亲身感受到延安作风后,感慨地说,中国的希望在延安。图为抗日战争期间八路军359旅在南泥湾开荒生产。

不可能有今天中国奇迹的发生。

是中国共产党,使中国人民社会地位得到极大提升。古今中外,从来没有哪个政党像中国共产党这样,对人民如此珍视,把为人民谋幸福作为初心,始终为实现人民的利益而持续奋斗。新中国诞生和70年的发展,使中国人民地位发生了根本性改变。在政治上翻身做了主人,成为自己命运的主宰者;在经济上从饥寒交迫到丰衣足食,实现了历史性跨越;在精神上得到了极大的解放和振奋,呈现出自信自强的时代风貌。可以说,没有中国共产党,中国人民就不可能挺直腰杆,更不可能过上几千年来梦寐以求的小康生活。

是中国共产党，使中国特色社会主义焕发出强大生机活力。1949年新中国成立后，对究竟实行哪种社会制度，存在着不同看法。我们党坚持认为，只有社会主义才能救中国。由此，我们党带领人民进行了社会主义改造，确立了社会主义制度，为当代中国一切发展进步奠定了根本政治前提和制度基础。70年来，我们不仅巩固和发展了社会主义，还开创了中国特色社会主义道路，并使这条道路越走越宽广，在世界上高高举起了中国特色社会主义伟大旗帜，让科学社会主义在21世纪焕发出新的勃勃生机。

新中国70年伟大实践雄辩地证明，没有中国共产党就没有社会主义中国，就没有改革开放，就没有中国特色社会主义。在当代中国，中国共产党的领导核心地位，不是自封的，是在长期革命、建设和改革的实践中形成的，是历史和人民的选择。

二　党在革命性锻造中更加坚强

"打铁必须自身硬"，生动形象地说明一个道理：我们党要担负起领导人民推进伟大事业的历史使命，必须在革命性锻造中炼就一支钢铁般的党员干部队伍。正如习近平总书记指出的："实践充分证明，中国共产党能够带领人民进行伟大的社会革命，也能够进行伟大的自我革命。"

新中国成立后，我们党从领导人民为夺取全国政权而奋斗的党成为领导人民执掌政权的党，面临着使命任务转变和生活环境变化的考验。当时就有少数党员干部经受不住诱惑，倒在了"糖衣炮弹"的攻势下。我们党开展了反贪污、反浪费、反官僚主义的"三反"运动，严肃查处了刘青山和张子善贪污案，对党员干部反腐倡廉、拒腐防变起到了很大的警示作用。改革开放后，随着社会主义市场经济的深入发展，我们党所处的历史方位发生重大转变，面临的"四大考验"和"四种危险"日益严峻，党员干部中出现了腐化堕落的现象。在反对腐败的问题上，一直以来我们党的态度是坚决的、措施是有力的、成效是显著的。但是，一个时期内，贪污腐败的现象没有得到根本遏制，有些地方、有些领域甚至还出现滋生蔓延的状况，对党的事业和形象造成了极大损害。

"新松恨不高千尺，恶竹应须斩万竿。"党的十八大以来，针对一段时间以来党内存在的突出矛盾和问题，以习近平同志为核心的党中央，以不畏艰险的非凡魄力和坚忍不拔的意志品质，以"我将无我，不负人民"的责任担当和政治勇气，坚定

？问与答

问："四大考验"和"四种危险"是什么？

答："四大考验"是指执政考验、改革开放考验、市场经济考验、外部环境考验；"四种危险"是指精神懈怠危险、能力不足危险、脱离群众危险、消极腐败危险。

123 数说中国

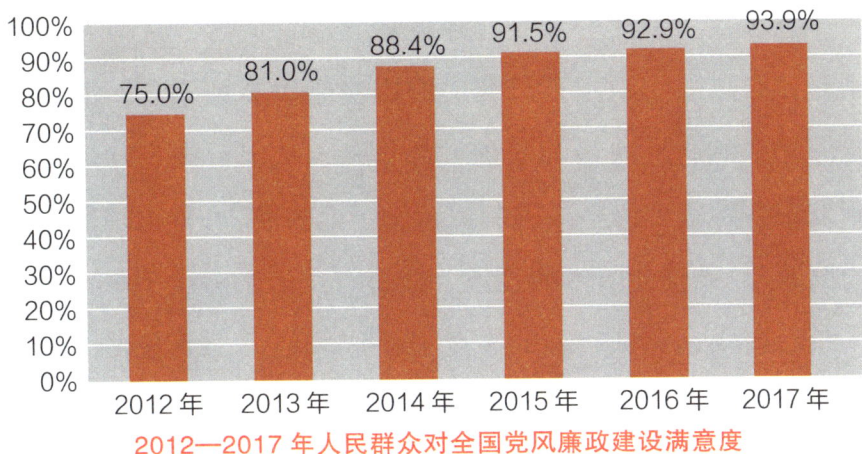

2012—2017 年人民群众对全国党风廉政建设满意度

不移狠抓管党治党不放松，推动全面从严治党取得重大成果，使党的形象得到有力维护。

国家统计局数据显示，近年来人民群众对全国党风廉政建设满意度逐年攀升，从党的十八大召开时的约 75% 提升到目前的接近 95%，增加了近 20 个百分点。在这方面，大家感受最明显的有三个突出亮点。

党的领导更加坚强有力。我们党坚决维护党中央权威和集中统一领导，确立了习近平总书记党中央的核心、全党的核心地位，保证全党令行禁止、步调统一。我们出台一系列重要文件，召开一系列重要会议，全面加强党对各项工作的领导。2018 年 2 月，党的十九届三中全会作出关于深化党和国家机构改革的决定，目的就是通过裁撤合并相关职能，强化党的全面领导。经过一年多自上而下的机构改革，从中央到地方，党的领导在各领域各方面得到加强。

党风政风焕然一新。作风问题具有顽固性、反复性，特别是"四风"问题由来已久、成因复杂、屡禁不止，群众对此深恶痛绝，反映最为强烈。几年来，从出台中央八项规定到发布各种禁令，坚决遏制"舌尖上的浪费"、整治"车轮上的腐败"、狠刹会所中的歪风、瘦身"文山会海"……我们党以踏石留印、抓铁有痕的态度狠抓作风建设，使各种歪风邪气无处遁形，使党风政风逐渐清朗起来，带动整个社会风气向善向好。

反腐败斗争取得压倒性胜利。党的十八大以来，我们有腐必反、有贪必肃，以史无前例的决心和力度"打虎""拍

"百名红通人员"中国汽车工业协会原常务副会长蒋雷归国投案

蝇""猎狐"，保持了惩治腐败的高压态势，产生强大的威慑力，对全党发出"伸手必被捉"的强烈警示。据统计，截至 2018 年 9 月，全国纪检监察机关共处置问题线索 385 万件，立案 200.9 万件，处分 194.3 万人，立案审查省军级以上党员干部及其他中管干部 479 人。目前，"百名红通人员"已有 59 人落网。

千磨万击，百炼成钢。经过党的十八大以来的革命性锻造，我们党刮骨疗毒、强身健体，自我净化、自我完善、自我

革新、自我提高的能力不断增强，创造力凝聚力战斗力大大提升，焕发出蓬勃生机和旺盛活力。

三 坚持和加强党的全面领导

1949 年 7 月 4 日，为即将诞生的新中国做准备，新政治协商会议筹备会决定向全国征集国旗设计方案。经过广泛遴选和反复讨论，最终从 3000 多个方案中，选定了由上海现代经济通讯社职员曾联松设计的"五星红旗"样式。在此基础上作了少量修改，中华人民共和国国旗诞生了。五星红旗的寓意，就是大五角星代表中国共产党，四颗小五角星代表工人阶级、农民阶级、小资产阶级、民族资产阶级，象征着中国共产党领导下的全国人民大团结。

党政军民学，东西南北

❤ 网友感言

- ➤ 中国共产党是革命的领路人、建设的顶梁柱、改革的弄潮儿，没有党的领导就没有今天中国的大好局面。
- ➤ 党中央这个"帅"坐镇中军帐，调动车马炮各展其长，棋局就能稳操胜券。
- ➤ 全面从严治党永远在路上，不能满足于过去时，应牢牢抓住进行时，主动谋划将来时，永远没有完成时。
- ➤ 制度是腐败的防火墙，监督是腐败的灭火器，自律是腐败的紧箍咒。
- ➤ 伸手必被捉，贪念必遭谴。唯有老老实实做人、干干净净做事，才能清清白白过一生。

特别关注

学习强国

"学习强国"是一款旨在服务党员学习交流的学习平台，通过 PC 端、手机客户端两大终端提供服务，于 2019 年 1 月 1 日正式上线，随后在全国掀起一股理论学习热潮。截至 2019 年 6 月底，"学习强国"注册用户总数突破 1.2 亿，日活跃用户比例达 30%—58%，每天有 4 亿—5 亿浏览量。

中，党是领导一切的。在中国这样一个有近 14 亿人口的大国，必须要有一个坚强的领导核心，否则团结统一不起来，什么事都干不成。只有坚持和加强党的全面领导，发挥党总揽全局、协调各方的领导核心作用，才能在更高水平上实现全党全社会思想上的统一、政治上的团结、行动上的一致，为实现共同目标而奋勇向前。

树牢"四个意识"。事在四方，要在中央。牢固树立政治意识、大局意识、核心意识、看齐意识，最重要的就是要体现在"两个维护"上，即坚决维护习近平总书记党中央的核心、全党的核心地位，坚决维护党中央权威和集中统一领导。必须把党的政治建设摆在首位，旗帜鲜明讲政治，坚定执行党的政治路线，严格遵守政治纪律和政治规矩，在政治立场、政治方向、政治原则、政治道路上同党中央保持高度一致。

完善体制机制。宋代著名理学家杨时有句名言："立治有体，施治有序。"大意是治理国家必须要依靠规矩和制度。党的全面领导也是一样，必须体现在治国理政的方方面面，体现到国家政权的机构、体制、制度等的设计、安排、运行之中。近年来，我们陆续下发了《关于新形势下党内政治生活的若干准则》《中国共产党党内监督条例》《中共中央政治局关于加强和维护党中央集中统一领导的若干规定》等党内法规，从制度上保证党的领导全覆盖，保证党的领导更加坚强有力。

增强执政本领。中国共产党作为"中华号"航船的掌舵者，要驾驭好这艘巨轮涉险滩、闯激流，必须把稳舵、定好向，提高应对复杂局面的能力和水平。党的十九大对全党提出增强"八个本领"的要求，目的就是要着力提高党把方向、谋大局、定政策、促改革的能力和定力，善于处理各种复杂矛盾，勇于战胜各种艰难险阻，牢牢把握工作主动权，把党的全面领导落实到经济社会发展全过程和各方面。

知识链接

增强"八个本领"

- ▶ 增强学习本领
- ▶ 增强政治领导本领
- ▶ 增强改革创新本领
- ▶ 增强科学发展本领
- ▶ 增强依法执政本领
- ▶ 增强群众工作本领
- ▶ 增强狠抓落实本领
- ▶ 增强驾驭风险本领

四　全面从严治党永远在路上

青松秀冬岭，红梅傲寒风。2019 年 1 月 11 日，正值隆冬时节，中国共产党第十九届中央纪律检查委员会第三次全体会议在北京召开。习近平总书记在会上发表重要讲话，强调要以党的政治建设为统领全面推进党的建设，取得全面从严治党更大战略性成果，巩固发展反腐败斗争压倒性胜利。这充分显示了我们党勇于自我革命的鲜明品格和勇气，集中彰显了我们党坚定不移推进全面从严治党的决心和意志。

作风建设不止步。现在，一些"传统"的歪风邪气得到明显遏制，但"四风"衍生出一些值得注意的隐形变异新动向。比如，吃请改头换面，"不吃公款吃老板"，"一桌餐""家宴"

🎤 权威声音 ◀

党的政治建设是党的根本性建设

江金权（中央政策研究室分管日常工作的副主任）：党的政治建设决定党的建设的方向和效果。党的政治建设是最重要的，是统领、是核心；党的其他建设最终的着眼点和落脚点必须在政治建设上。没有政治建设这个"灵魂"和"根基"，其他建设都成了无用功。政治建设抓好了，政治方向、政治立场、政治大局把握住了，党的政治能力提高了，党的建设就铸了魂、扎了根。政治建设抓好了，对党的其他建设可以起到纲举目张的作用。

特别关注

"不忘初心、牢记使命"主题教育

根据党的十九大部署，从2019年6月开始，以县处级以上领导干部为重点，在全党自上而下分两批开展"不忘初心、牢记使命"主题教育。这次主题教育牢牢把握"守初心、担使命，找差距、抓落实"的总要求，牢牢把握深入学习贯彻习近平新时代中国特色社会主义思想、锤炼忠诚干净担当的政治品格、团结带领全国各族人民为实现伟大梦想共同奋斗的根本任务，努力实现理论学习有收获、思想政治受洗礼、干事创业敢担当、为民服务解难题、清正廉洁作表率。图为湖南省"不忘初心、牢记使命"主题教育工作会议。

成为"避风港"；落实工作表态多、调门高、行动少；检查过多过滥，看痕迹不看实绩，搞得基层忙于应付、疲惫不堪；等等。这些形式主义、官僚主义的"新变种"，根本上还是思想作风的老问题。作风建设是攻坚战、持久战，必须以滚石上山的劲头和韧劲，锲而不舍、持之以恒，深化整治、一抓到底，确保取得实实在在的效果。

惩治腐败不放松。腐败是社会毒瘤，是我们党面临的最大威胁。必须时刻绷紧惩治腐败这根弦，深化标本兼治，夯实治本基础，一体推进不敢腐、不能腐、不想腐。一方面，坚持"靶向治疗"、精确惩治，聚焦党的十八大以来着力查处的重点对象，紧盯事关发展全局和国家安全的重大工程、重点领域、关键岗位，加大金融领域反腐力度，对存在腐败问题的，发现一起坚决查处一起。另一方面，对群众身边的不正之风和腐败问题，要坚决亮剑，维护群众切身利益。

落实责任不懈怠。责任是分内的职责，明责履责是做好事情的前提和基础。全面从严治党，必须落实好"两个责任"，即党委负主体责任、纪委监察委负监督责任。各级党委（党组）特别是"一把手"要强化政治担当、履行主体责任，种好自己的"责任田"。同时，深化国家监察体制改革，高质量推进巡视巡察全覆盖，发挥派驻机构职能作用，完善监督体系，为全面从严治党提供全方位立体化的监督保障。

大国大气象，大党大担当。一个有世界近 1/5 人口的东方大国，在中国共产党的领导下，创造了彪炳史册的宏图伟业，展现出无比光明的发展前景。在前进的道路上，我们党也必将以超凡的智慧和能力，领导全国各族人民实现民族复兴的中国梦。

延伸阅读

1.《中国共产党第十九届中央纪律检查委员会第三次全体会议公报》,《人民日报》2019年1月14日。

2.《中共中央关于加强党的政治建设的意见》,《人民日报》2019年2月28日。

3.《习近平在中央党校(国家行政学院)中青年干部培训班开班式上发表重要讲话强调 在常学常新中加强理论修养 在知行合一中主动担当作为》,《人民日报》2019年3月2日。

扫一扫

12

九万里风鹏正举

——中国未来为什么前景可期?

2020 年全面建成小康社会,2035 年基本实现社会主义现代化,本世纪中叶全面建成富强民主文明和谐美丽的社会主义现代化强国。党的十九大擘画的中国未来 30 多年战略宏图,犹如一幅壮美的华夏盛世图展现在世人面前,极大激发了全体中国人民的奋斗热情。

习近平总书记豪情满怀地说:"我们这么大一个国家,就应该有雄心壮志。"经过70年的持续努力,新中国已站到了新的起点上。回望过去,辉煌中国的成就已载入史册;展望未来,锦绣中华的画卷正徐徐展开。美好前景不是等得来、喊得来的,而是拼出来、干出来的。新征程上,我们要以坚如磐石的信念、只争朝夕的劲头、坚忍不拔的毅力,为实现中华民族伟大复兴的中国梦接续奋斗。

一 中华民族的雄心壮志

伟大事业之所以成其伟大,就在于目标的宏大高远。1954年,毛泽东同志说:"我们的总目标,是为建设一个伟大的社会主义国家而奋斗。"1992年,邓小平同志也说过:"如果从建国起,用一百年时间把我国建设成中等水平的发达国家,那就很了不起!"

今天重温这两段话,是多么情真意切,多么语重心长!这就是中华民族百年魂牵梦绕、百年矢志不渝、百年接续奋斗的雄心壮志。

70年来,中华民族始终朝着建设一个伟大的社会主义现代化强国的目标不懈努力。1964年12月,周恩来同志在第三届全国人民代表大会第一次会议上作的政府工作报告中,首次提出了实现"四个现代化"的目标,即现代工业、现代农业、

知识链接

党的十三大提出的中国经济建设"三步走"战略

1987年10月，党的十三大提出中国经济建设"三步走"的战略：第一步目标，1981年到1990年实现国民生产总值比1980年翻一番，解决人民的温饱问题；第二步目标，1991年到20世纪末国民生产总值再增长1倍，人民生活达到小康水平；第三步目标，到21世纪中叶人均国民生产总值达到中等发达国家水平，人民生活比较富裕，基本实现现代化。

党的十五大提出新的"三步走"战略

1997年9月，党的十五大提出新的"三步走"战略：21世纪第一个十年实现国民生产总值比2000年翻一番，使人民的小康生活更加宽裕，形成比较完善的社会主义市场经济体制；再经过10年的努力，到建党100年时，使国民经济更加发展，各项制度更加完善；到21世纪中叶新中国成立100年时，基本实现现代化，建成富强民主文明的社会主义国家。

现代国防、现代科学技术。改革开放后，我们党对我国社会主义现代化建设作出战略安排。1987年，党的十三大提出"三步走"战略，即解决人民的温饱问题、人民生活达到小康水平、基本实现现代化。前两个目标都先后提前完成。在这个基础上，1997年党的十五大谋划新的"三步走"战略，即到2010年国民生产总值比2000年翻一番，到建党100年时使国民经济更加发展，各项制度更加完善，到新中国成立100年时基本实现现代化。现在，第一个目标已经提前4年完成，第二个目标也将在 2020 年实现，这就为加快基本实现现代化进程奠定了坚实基础、提供了有利条件。

站在历史新的更高起点上，党的十九大高瞻远瞩地擘画了到 21 世纪中叶中国发展的战略安排，为中华民族百年航程谋划了新的篇章。到 2020 年全面建成小康社会，在此基础上，把基本实现社会主义现代化提前了 15 年，到 2035 年实现这个目标。到本世纪中叶新中国成立 100 年时，提出了更高的奋斗目标，即把我国建成富强民主文明和谐美丽的社会主义现代化强国，实现中华民族伟大复兴的中国梦。

100 多年来，中国人民一直有个梦想，就是彻底摆脱黑暗屈辱的历史，实现中华民族的伟大复兴，无愧于我们这一泱泱文明大国的称号。新中国 70 年来，我们已经创造了不负先辈的辉煌历史，再奋斗 30 年，将看到一个更加美好的中国。这就是一个大党的郑重承诺，一个大国的雄心壮志，一个民族的光明未来。

二 时与势于我有利

一分钟转瞬即逝，能发生什么？"复兴号"前进 5833 米、全国 GDP 增加 1.57 亿元、移动支付金额 3.79 亿元、7.6 万件快递被收发、2370.7 万元的商品进入中国、26 人走上工作岗位……这是系列微视频《中国一分钟》展示的发展奇迹。短短

特别关注

《中国一分钟》

《中国一分钟》系列微视频于2018年3月5日首播，主要讲述中国改革开放40年发生的巨大变化和取得的辉煌成就，共3集，分别为《瞬息万象》《跬步致远》《美美与共》。视频上线后，在网上迅速热播，第一天全网观看量就突破1.58亿人次。

一分钟，这些难以想象的变化，充分说明中国未来发展具有无限潜力和生机活力。

只有观大势、明大势，才能应势而动、顺势而为。正是基于对中国未来发展光明前景的科学判断，习近平总书记深刻指出，我国发展仍处于并将长期处于重要战略机遇期。机遇极为宝贵、稍纵即逝。抓住了，就能赢得战略主动，迎来事业大发展；错失了，就可能陷入战略被动，逐渐落后甚至错过整整一个时代。

历史上，中国就有因没抓住机遇而落后的前车之鉴。比如，由于清王朝的闭关锁国，我们与第一次工业革命失之交臂，最后被世界潮流抛弃，陷入了落后挨打的悲惨局面；第二次世界大战后，我们没有很快抓住第三次科技革命浪潮的机遇，使中国面临被开除"球籍"的危险。这些惨痛教训必须深刻吸取，要树立强烈的机遇意识，调动和运用好国内外形势变化带来的一切积极因素，充分发挥我们的独特优势，抢占未来发展制高点。

从国际看，和平与发展仍然是时代主题，发生大规模战争的概率较小；虽然经济全球化遭遇逆流，但求合作、谋发展仍是世界各国的共同愿望；新一轮科技革命和产业变革迅速发展，给全球经济发展孕育出新的机遇和增长点。今天的中国，作为世界第一大制造国的地位难以撼动，具备最完整的工业体系，拥有近 14 亿人口大市场的吸纳和消化能力，各国都想寻求与我们合作的机会，世界繁荣发展需要中国贡献。

从国内看，经过长期发展，我们积累了雄厚的物质基础，储备了世界上规模最大的人力人才资源，科技创新能力突飞猛进，正在释放更大的发展潜力。特别是中国经济长期向好的基

权威声音

中国如今已走到一个历史紧要关头

何毅亭［中央党校（国家行政学院）分管日常工作的副校（院）长］：一方面，中国从来没有如此接近民族复兴梦想，中国发展仍然处于重要战略机遇期；另一方面，形势环境变化之快、改革发展稳定任务之重、矛盾风险挑战之多都前所未有。肩负着引领中国实现历史性跨越的中国共产党，使命极其光荣，考验也极其艰巨。

本面没有变，经济韧性好、潜力足、回旋空间大的基本特征没有变，经济持续增长的良好支撑基础和条件没有变，经济结构调整优化的前进态势没有变。具备这些有利条件，我们完全有能力推动我国经济社会发展、综合国力和人民生活水平再上新台阶。

综合内外因素可以看出，时和势总体于我有利，我国仍然面临前所未有的发展机遇。对中华民族来说，这样的机遇十分宝贵，不可错失。必须以时不我待的紧迫感，抓住难得机遇，变外部压力为发展动力，加紧发展自己，在未来国际竞争中赢得优势、占得先机。

三　踏平坎坷成大道

"安而不忘危，存而不忘亡，治而不忘乱。"这句出自《周易》的名言告诫人们：必须居安思危，保持忧患意识，防患于未然，否则就会陷于被动，甚至遭遇祸乱。

在这个问题上，中华民族是有过惨痛教训的。100多年前，当清政府还沉迷于"天朝上国"的美梦时，万万没想到，4000多人马、几十艘舰船就轰开了中国的大门，京师连续两次沦陷，帝国主义列强掀起了瓜分中国的狂潮……列强的铁蹄碾压的不仅是古老中国的土地，更是对几千年文明积累起来的自信自尊的无情践踏，使中华民族陷入从未有过的"至暗时刻"。

中国共产党成立 90 多年来，所取得的成就与进步震古烁今，所经历的困难与风险世所罕见。其中有危难之际的绝处逢生，有挫折之后的毅然奋起，有失误之后的拨乱反正，有磨难面前的百折不挠，既充满艰险又充满神奇，既历尽苦难又辉煌迭出。有困难、有风险、有危机、有曲折，都不可怕，关键在于我们党始终勇于面对、遇变不惊、攻坚克难、化险为夷。正是一代代中国共产党人心存忧患、肩扛重担，才团结带领中国人民不断从胜利走向新的胜利。

今天，中华民族虽然迎来民族复兴的光明前景，但也面临

老外看中国

- **欧亨尼奥·布雷戈拉特**（西班牙前驻华大使）：中国政府是与时俱进的政府，中国领导人是真正的精英。基于对中国社会、历史和领导人的认识，我十分看好中国的未来。

- **罗伯特·劳伦斯·库恩**（美国库恩基金会主席）：中国始终是全球发展的贡献者，不断将自身发展经验和机遇同世界各国分享，给世界各国带来了很多机遇。

- **马丁·雅克**（英国知名中国问题专家）：从历史的角度看，中国共产党有生命力和成功的原因，就是她成功地把马克思主义中国化，使马克思主义符合中国的条件。而这一过程仍在继续。

- **瓦西里·库伊比达**（乌克兰国家总统行政学院院长）：随着中国积极推动经济结构战略性调整，转向更加可持续的经济增长模式，未来中国经济发展的前景将更加光明。

着前所未有的风险挑战。就外部而言，中国已处在国际社会的聚光灯下，大象在小树的背后是藏不住的，必然会遭到猜忌和围堵，来自国际的经济、政治、军事风险不可避免；就内部而言，发达国家在几百年中产生的一些问题在中国几十年内集中出现，矛盾和问题具有复杂性、突发性、尖锐性的特点，其蕴藏的风险之高、解决的难度之大不言而喻。

站在新的历史起点上，我国发展既面临重大历史机遇，也面临不少风险挑战。有外部风险，也有内部风险，有一般风险，也有重大风险。重大风险既包括国内的经济、政治、意识形态、社会风险以及来自自然界的风险，也包括国际经济、政治、军事风险等。特别是要看到，各种威胁和挑战联动效应明显，各种矛盾风险挑战源、各类矛盾风险挑战点相互交织、相互作用。如果发生重大风险又扛不住，国家安全就可能面临重大威胁，实现中华民族伟大复兴的进程就可能迟滞或被迫中断。可以说，前进道路并不平坦，诸多矛盾叠加、风险隐患增多的挑战依然严峻复杂。

"凡事预则立，不预则废。"面对波谲云诡的国际形势、复杂敏感的周边环境、艰巨繁重的改革发展稳定任务，为了强化各级党委、政府和领导干部的风险意识，习近平总书记在多个场合反复强调，要增强忧患意识，一以贯之防范化解风险挑战，决不能犯战略性、颠覆性错误。必须始终保持高度警惕，既要高度警惕"黑天鹅"事件，也要防范"灰犀牛"事件；既要有

防范风险的先手，也要有应对和化解风险挑战的高招；既要打好防范和抵御风险的有准备之战，也要打好化险为夷、转危为机的战略主动战，把防范化解重大风险工作做实做细做好。

山以险峻成其巍峨，海以奔涌成其壮阔。千百年来，中华民族历经苦难，但没有任何一次苦难能够打垮我们，最后都推动了我们民族精神、意志、力量的一次次升华。历经磨难的中华民族，没有过不去的坎，只要坚定必胜的信念，就一定能实现成功的目标。

四 我们都是追梦人

"我们都在努力奔跑，我们都是追梦人。" 2019 年新年贺词中，习近平总书记饱含真情的话语，让亿万中国人民感到温暖和振奋，充满激情和力量。

"一心中国梦，万古下泉诗。"实现中华民族伟大复兴，实现国家富强、民族振兴、人民幸福，是亿万中国人民魂牵梦萦的百年夙愿。以梦为马、不负韶华，早已内化为中国人民的一种精神气质。70年来，千千万万普通人实现了人生梦想，也让中国发生了翻天覆地的变化。面向未来，伟大的梦想召唤着新的迸发，汇聚起亿万人民勠力同心的磅礴力量。

怀揣梦想。有梦想才有未来，每个人都有梦，中国梦才有依托。邓稼先隐姓埋名20多年研制核武器、王进喜"宁肯少活20年，拼命也要拿下大油田"、袁隆平克服意想不到的困难解决几亿人的吃饭难题、屠呦呦几十年如一日攀登科学高峰……他们都用个人的精彩人生为国家建立了卓越功勋。只有把自己的梦想与国家的梦想统一起来，才能在民族复兴的征程中书写人生华章。

团结一心。当前，中华民族伟大复兴到了关键时刻，"政入万山围子里，一山放出一山拦"，前方并非坦途，既有半路跳出来的"拦路虎"，又有横亘在面前的"绊脚石"，应对困难和挑战的任务十分艰巨。这就需要全体中国人民万众一心、众志成城，心往一处想、劲往一处使，齐心协力将具有许多新的历史特点的伟大斗争进行到底。

不懈奋斗。每个人奋斗的样子，构成了今天中国的表情和节奏。快递小哥大街小巷穿梭忙碌、环卫工人顶风冒雪装扮城市、出租车司机起早贪黑保障出行、基层干部奋战一线脱贫攻坚、边防战士无怨无悔保家卫国、消防队员不怕牺牲赴汤蹈火……千万种姿态，一样的拼搏，奔跑的中国充满能量。或许你的奋斗只是点滴，但能映射出太阳的光辉，或许你的力量只是一个小数，但乘以 14 亿，就会聚合筑梦中国的洪荒伟力。

凡是过去，皆为序章。不论昨天我们经历过多少磨难，取得过多少成就，都是为了开启一个更美好的明天。只有饱受欺辱的人民，才知道富强的重要；只有创造过辉煌的民族，才懂得复兴的意义。从历史深处走来的古老而年轻的中国，必将风雨无阻、勇往直前，最终抵达民族复兴的梦想彼岸。

延伸阅读 ◄

1. 习近平：《在庆祝改革开放 40 周年大会上的讲话》，《人民日报》2018 年 12 月 19 日。

2.《习近平在省部级主要领导干部坚持底线思维着力防范化解重大风险专题研讨班开班式上发表重要讲话强调 提高防控能力着力防范化解重大风险 保持经济持续健康发展 社会大局稳定》，《人民日报》2019 年 1 月 22 日。

扫一扫

后 记

　　参加本书起草和修改工作的有：何亦农、常培育、周雪梅、张首映、颜晓峰、王幸生、邵文辉、王君琦、沈传亮、陈瑞来、向征、刘伟、孙劲松、刘悦斌、王兆勤、彭公璞、陈江生、王瑞彬、陶文昭、王道勇、郭海军、贾晋京、张含、孙存良、李海军、胡前安、张造群、李玉举、吴迪、周亮、李文强、刘光明、寇骞、张以楠、徐珂、龚加成、闫笑岩、季正聚、王炳林、韩保江、吕炜、徐艳国、张博颖、王承哲、薄洁萍、李文阁、吕立勤、李亚彬、韩宪洲、张瑞才、樊伟、王德强、喻立平、戴世平、曾维伦、张桥贵、赵勇富、何祖坤、杨正权、杨建军、张际、张云峰、肖明江、李琦、熊空军、高天琼、邓晓东、刘娜、沈静慧、郝立新、杨生平、陈柳裕、张宝明、冯秀军、彭庆红、李有增、邱吉、韩喜平、胡智锋、杨雪冬、王慧、张明明、叶海涛、李作言、黄延敏、杨明、陈培永、林志鹏、徐玲玲、陈印、王斯敏、陈新剑、严星、吴俊、刘光、朱梦君、李文钊、孙君镕、陈瑶、张瑜、熊文景、崔晓丹、韩绮颜、杜哲、韩祥宇、贾程秀男、刘立晴、陈光华、李念等同志。侯军、谢祥、陈谦同志自始至终参加了调研、起草、修改和统稿工作。王心富同志主持本书的编写工作。

本书在编写过程中，得到了中央有关部门和部分单位负责同志以及专家学者的大力支持。中组部、中央党校（国家行政学院）、中央党史和文献研究院、外交部、国家发展改革委、民政部、生态环境部、文化和旅游部、国家统计局、国务院港澳事务办公室、国务院台湾事务办公室、新华社、中国社科院、中央军委政治工作部等部门和单位，穆虹、何毅亭、曲青山、李宝善、陈宝生、黄守宏、谢伏瞻、甄占民、夏伟东、高翔、姜辉、王一鸣、陈晋、路建平等同志提出了宝贵意见。梁言顺同志审改了全部书稿。

编　者

2019 年 7 月